BLOGGST DU SCHON?!

LikE
RSS
NEWS

NEWS

BLOGGST DU SCHON?!

LiKE

idea

RSS

Step by step …
… zum eigenen Kreativ-Blog

Inhalt

Like

Vorwort 6

Bevor es losgeht 8

Was sind eigentlich Blogs? 9

Arten von Blogs 10

Blogs aufspüren und lesen 11

Blog-Beispiel: Copy Paste Love 14

Blog-Beispiel: Birds Like Cake 17

Die Logik hinter Blogs 20

Einträge 20

Kommentare 21

Trackbacks/Pingbacks 22

RSS-Feeds 22

Feedreader 22

Blogrolls 23

Archive 23

Rechtliche Aspekte 24

Bilder in Blogs 24

Bilddatenbanken 24

Creative-Commons-Lizenz 26

Die großen Verbote 26

Impressumspflicht 28

Geld verdienen mit dem Blog 29

Google-Anzeigen 29

Partnerprogramme 30

Spenden sammeln 31

Dein erstes Kreativ-Blog 32

So erweckst du dein Blog zum Leben 33

Überlegungen im Vorfeld 33

Bloggen – jetzt geht's los 34

*Blog-Beispiel: vida*nullvier* 36

Blog-Beispiel: Ein Schweizer Garten 39

Jetzt wird's kreativ 42

Das Blogdesign – Worauf ist zu achten 43

Kein Kreativ-Blog ohne Fotos 44

- Die wichtigsten Basics für gute Fotos 44
- Das richtige Licht 44
- Lichtzelt selber bauen 45
- Die Blendeneinstellung 46
- Der Verschluss 46
- Der Fokus 46
- Das perfekte Fotostyling 47
- Die Komposition 47
- Fotos mit eigener Signatur versehen 49

Blog-Beispiel: Funkytime 50

Blog-Beispiel: Sinnenrausch 53

Technische Umsetzung 56

Blogs erstellen 56

- Hosting-Systeme 56
- So startest du dein eigenes Blog 56
- Selbst hosten 61
- Technische Grundlagen 62

Blog-Beispiel: Pattydoo 64

Blog-Beispiel: Titatoni 67

- Bloggen mit WordPress 70
- Einen Blogeintrag veröffentlichen 72
- Das Design verändern 74
- Ein Plug-In installieren 74
- Microblogging 75

Blog-Tuning 77

- Besucherpflege und guter Ton 77

Interessante Dienste 79

Notizen 86

Links und Literaturangaben 91

Glossar 92

Impressum 96

Vorwort

Bloggst du schon?!

Du bist in etwas besonders gut, in dem dir niemand so schnell etwas vormacht? Du liebst DIY und möchtest deine handwerklichen Kreationen einer breiten Masse zugänglich machen? Du willst dich in einer Nische breitmachen, die für dich noch unbesetzt erscheint? Du fotografierst gerne und möchtest deine Fotos mit anderen teilen? Du schreibst gerne und hast dich schon immer gefragt, wer bitte schön deine Texte veröffentlichen würde? Du möchtest einfach in Kontakt mit deinen Bekannten bleiben? Et voilà: Blogs sind oft die Antwort auf diese Fragen.

Dieses Buch wirft einen Blick hinter die Kulissen einiger bekannter DIY- und Lifestyle-Blogs und stellt ihre Macher vor. Dabei berichten die Bloggerinnen von ihren Erfahrungen mit der Blogger-Welt und machen auf eine sympathische Art und Weise deutlich, dass man kein großes technisches Know-how haben muss, um sein eigenes Blog an den Start zu bringen.

Außerdem werden solch fundamentale Fragen beantwortet wie: Was sind eigentlich Blogs? Wo finde ich die besten? Welche sollte ich unbedingt auf meiner Leseliste halten? Welche Logik steckt hinter Blogs, die sie von normalen Websites unterscheidet? Wie bringe ich mein eigenes Blog an den Start – vom Server über die Installation der Software bis zum ersten eigenen Eintrag? Dieses Buch geht sogar noch etwas weiter ins Detail: Was macht ein gutes Kreativ-Blog aus? Wie betreue ich mein Blog und vor allem dessen Besucher? Wie vernetze ich mich mit anderen Blogs und setze Themen, um selbst bekannt zu werden? Welche rechtlichen Aspekte muss ich bedenken, um der berüchtigten Abmahnwelle im Web 2.0 zu entgehen? Und: Wie verdiene ich am Ende sogar noch ein paar Cent, um für meine Arbeit am Blog zumindest etwas entschädigt zu werden?

Man darf gespannt sein, was aus deinen Versuchen wird, selbst zu bloggen.

Und jetzt: viel Spaß – wir lesen uns!

Step 1

Bevor es losgeht

Was sind eigentlich Blogs?

Das Wort „Blog" ist die Kurzform für „Weblog" und setzt sich zusammen aus „World Wide Web" und „Logbuch". Eigentlich ist es nichts anderes als eine Website, in diesem Fall aber in Form eines Tagebuchs oder Journals, das auf dieser Website von einem oder mehreren Autoren geführt wird. Der neueste Eintrag steht ganz oben, und die älteren sind chronologisch rückwärts darunter zu sehen oder im Archiv zu finden. In den meisten Blogs können die Einträge außerdem von den Lesern kommentiert werden. Wegen dieses Aufbaus irrt oft die Meinung im Netz herum, bei Blogs handele es sich um nichts anderes als Tagebücher. Die Möglichkeiten sind aber weitaus vielfältiger.

Blogs werden nicht nur von Privatpersonen geschrieben, die Erlebnisse und Fotos im Netz veröffentlichen. Vor allem Journalisten, aber auch Politiker, Fachleute oder Unternehmer setzen Blogs ein, um Öffentlichkeit zu schaffen oder mit den Wählern, Lesern oder Kunden und möglichen Kunden zu kommunizieren. Ein Unternehmen kann im Blog Einblicke hinter die Kulissen geben, Journalisten können Texte veröffentlichen, die in etablierten Medien keinen Platz finden, und Weltenbummler können über Blogs in Kontakt mit der Heimat bleiben und brauchen nur ein paar Absätze zu schreiben, statt mit jedem Daheimgebliebenen zu telefonieren.

Blogs können von einzelnen Personen geführt werden oder gleich von einer ganzen Gruppe von Autoren. So entstehen jede Menge Seiten, die sich vor allem durch ihre technische Basis, nämlich den Aufbau in Einträge und die Möglichkeit zur Verknüpfung untereinander, von anderen Websites unterscheiden. Als Gesamtes ergeben sie die sogenannte Blogosphäre. Auch die technische Basis wollen wir später besprechen, denn sie ist besonders wichtig, wenn du dein eigenes Blog an den Start bringen möchtest.

Arten von Blogs

Blogs kann man in verschiedene Arten einteilen, sowohl inhaltlich als auch technisch. Wie so oft lassen sich die Grenzen aber nicht ganz klar festlegen. Der Einfachheit halber und da es in diesem Buch vorrangig um Kreativ-Blogs geht, werden hier ausschließlich Personal Blogs aufgeführt.

Personal Blogs, auch Online-Tagebücher oder -Journale, sind die häufigsten Vertreter. Blogger bloggen über sich und ihr Leben, und dabei nutzen sie die Möglichkeiten verschiedener Anbieter wie Blogger.com, Tumblr (obwohl es eher unter Microblogging-Plattform fällt, siehe Glossar Seite 92/93), OverBlog und natürlich auch Wordpress, um so mit Freunden, Bekannten und Gleichgesinnten in Kontakt zu bleiben.

Weitere Blogformen

Food-Blogs liegen voll im Trend. Hier zeigen Hobbyköche und -bäcker selbst geschossene Fotos ihrer gekochten oder gebackenen Kreationen, teilen die Rezepte mit ihren Lesern und geben Tipps zum Nachmachen.

Foto-Blogs haben sich besonders in dem Teil der Blogosphäre breitgemacht, in dem Fotografen zu Hause sind. Wer ein Foto-Blog betreibt, veröffentlicht regelmäßig Einträge mit neuen, meist selbst geschossenen Fotos. Wenn du dich zum Beispiel für Landschaftsaufnahmen interessierst, kannst du ein solches Blog abonnieren. Eine Alternative zum eigenen Blog bietet die fotocommunity. Sie ist eine kommerziell geführte Plattform, die Fotointeressierte zusammenbringt und auf der eigene Fotos hochgeladen, angesehen und kommentiert werden können.

Fashion- & Lifestyle-Blogs gibt es inzwischen wie Sand am Meer. Hier zeigen Blogger ihre täglichen Outfits, informieren über ihre Shopping-Ausbeute, geben Shopping-Tipps und -Hinweise und zeigen ihre Must-haves.

DIY-Blogs sprießen seit einiger Zeit wie Pilze aus dem Boden. Blogger zeigen hier Fotos ihrer selbst gemachten Kreationen und liefern die Anleitung meist in Form zahlreicher Schritt-für-Schritt-Fotos zum Nachmachen mit.

Das Blog? Der Blog?

Seit auch in Deutschland immer mehr Blogs entstanden sind, ist die Diskussion darüber entbrannt, wie der korrekte Artikel zum Wort „Blog“ zu lauten hat. Heißt es „das Blog“? Oder „der Blog“? Der Duden lässt beide Artikel zu. Selbst zu diesem Thema hat die Welt ihr eigenes Blog mit dem Titel „Das Blog“ (das-nicht-der-blog.blogspot.com) – und genau dieser Artikel ist eigentlich auch der richtige.
„Blog“ ist die Kurzform für „Weblog“, und das wiederum die Kurzform für „Web-Logbuch“. Es heißt schließlich nicht „der Logbuch“, sondern „das Logbuch“.
Dennoch gibt es im Internet viele Blogger, die „der Blog“ bevorzugen. Es bleibt also jedem selbst überlassen, ob er von „der Blog“ oder „das Blog“ spricht. Der Einheitlichkeit halber wird im Folgenden immer von „das Blog“ die Rede sein.

Blogs aufspüren und lesen

Im Folgenden erfährst du kurz und knapp, wie du im Netz nach interessanten Blogs suchst oder auch zufällig daraufstoßen kannst.

Blogs im Internet finden

Google Blog Search (google.de/blogsearch) ist eine spezielle Suchmaschine für Blogs. Diese Seite funktioniert genau wie die Standardsuche; es werden jedoch nicht die normalen Webseiten nach den Stichwörtern durchsucht, sondern alle durch Google indizierte Blogs. Diese Suchmaschine für Blogs hat einen großen Vorteil: Deine Stichwörter werden nicht nur in den Beschreibungstexten und Titeln der Blogs gesucht, sondern in den kompletten Texten. Da Blog Search regelmäßig die Inhalte der Blogs prüft, sind direkt die neuesten Texte zu finden. Wenn du dich über ein sehr aktuelles Thema informieren möchtest, kannst du nachsehen, welche Blogs etwas dazu geschrieben haben. Diese Suchmaschine ermöglicht also einen thematischen Zugriff auf die unterschiedlichsten Blogs.

Blogrolls. Einen ähnlichen, dafür aber eher individuelleren Ansatz haben Blogrolls. Das sind Linklisten in Weblogs. Hast du ein Blog gefunden, welches dir außerordentlich gut gefällt, kannst du hier wertvolle Tipps zum Weitersurfen erhalten. Die Blogautoren geben sich meistens große Mühe, Links anzubieten, die sie persönlich gerne mögen. Blogs von Freunden und Bekannten oder Leuten, die einfach gut schreiben können, werden von Bloggern gerne in der eigenen Blogroll verlinkt.

Blogging Friends ist eine eher jüngere Erscheinung, die auf dem Prinzip der Blogrolls aufbaut. Auch hier wird mithilfe einer Linkliste auf andere Weblogs verwiesen, allerdings werden hier die Banner der entsprechenden Blogs abgebildet. Diese Art der Verlinkung hat den Vorteil, dass man seine Lieblingsblogs unterstützen und besser auf sie aufmerksam machen kann.

Ein Beispiel findest du im Blog von Mira (copypastelove.de). Die Medieninformatik-Studentin bietet ihren Lesern Links zu Weblogs ihrer Kollegen an (siehe in der rechten Spalte unter *Unsere Kollegen*).

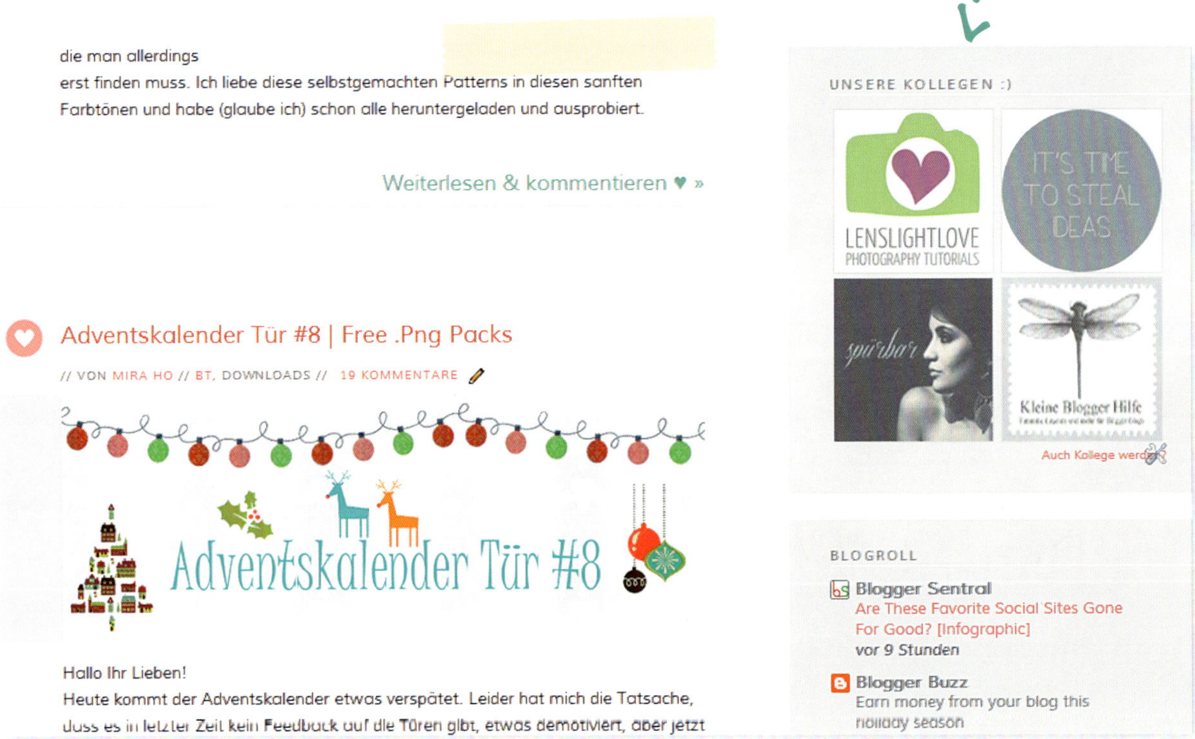

Unter dem Reiter „Blogging Friends“ kannst du mit ihr dein Banner tauschen, sodass ihr euch gegenseitig verlinken könnt. Hier findet man zahlreiche Links zu anderen Blogs, die sie gerne liest. Diese Verlinkungen sind ein sehr effektiver Weg, um auf neue interessante Blogs aufmerksam zu werden.

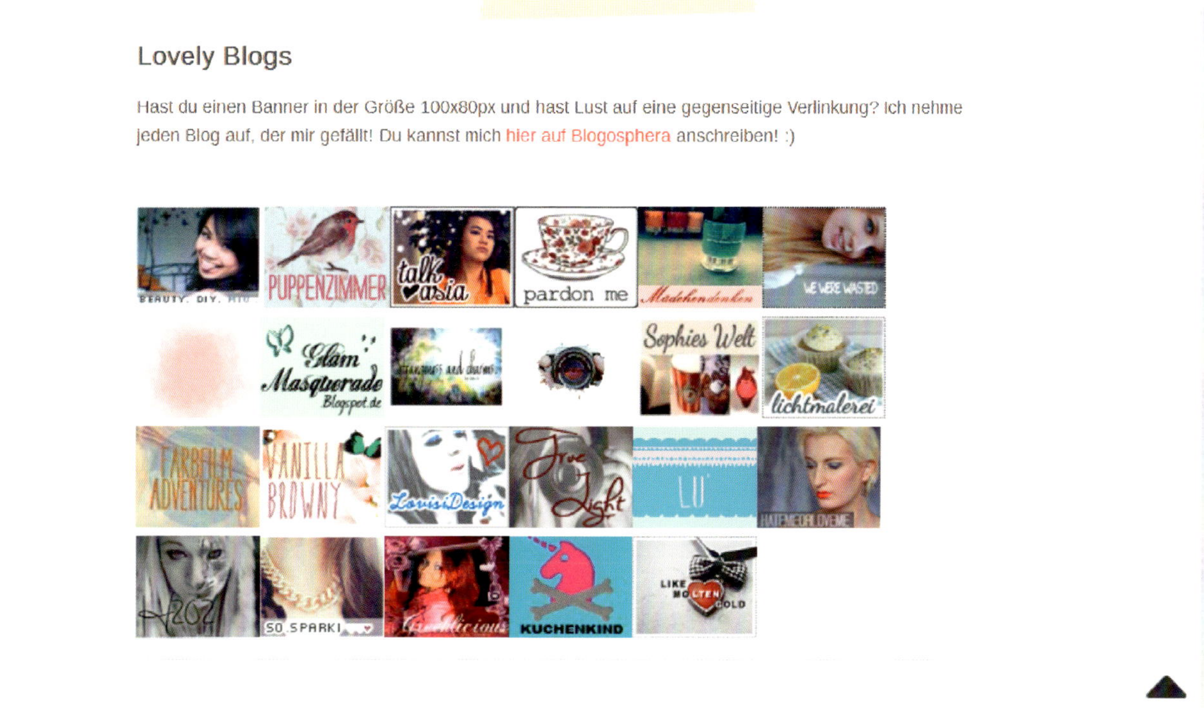
Lovely Blogs

Hast du einen Banner in der Größe 100x80px und hast Lust auf eine gegenseitige Verlinkung? Ich nehme jeden Blog auf, der mir gefällt! Du kannst mich hier auf Blogosphera anschreiben! :)

Mira vom Blog Copy Paste Love (copypastelove.de)

Wie heißt dein Blog?

Ich habe mehrere Blogs. Auf „Copy Paste Love" geht es hauptsächlich um Blogger-Tutorials und Bildbearbeitung. Dieses Blog führe ich seit knapp anderthalb Jahren mit einem Team, wobei alle Blogdesigns von mir sind.
Auf „Handsome" werden von meinem Autorenteam DIYs gepostet. Und dann habe ich noch das Blog „Miralein Mirasein" für meine persönlichen Themen.

> Drei Stichworte, die dein Blog beschreiben: informativ, designorientiert, bunt

Was machst du beruflich?

Ich bin Medieninformatik-Studentin und lebe ganz bescheiden mit meinem Freund in einer kleinen 2-Zimmer-Wohnung im Gießener Landkreis.

Warum hast du ein Blog?

Ich finde, es ist einfach eine tolle Sache, gewisse Themen mit wildfremden Leuten teilen zu können. Dabei können tolle Diskussionen entstehen und man entwickelt sich auch weiter. Natürlich genießt man auch die Aufmerksamkeit, aber ich finde es auch wichtig, diese zu nutzen, um wichtige Themen wie zum Beispiel Cybermobbing anzusprechen.

Wie bist du auf den Namen gekommen?

Den Namen habe ich von dem deutschen Hip-Hop-Künstler „Maeckes". Er hat ein Lied mit dem Namen „Copy and Paste Love" veröffentlicht – thematisch geht es in dem Song um falsche Liebe und um das Geliebtwerden. Ich fand den abgewandelten Namen „Copy Paste Love" passend, da ich am Anfang nur Tutorials geschrieben habe und der Leser bei der Anwendung oft „Kopieren" und „Einfügen" musste.

Grafiken (zB. Social Icons) einbinden

// VON MIRA HO // C. DESIGN-TIPPS, HTML & CSS, TUTORIAL // 22 KOMMENTARE

Hallo Ihr Lieben,

heute kommt mal wieder ein längeres Tutorial von mir, indem ich euch zeige, wie man allgemein Grafiken, die man irgendwo heruntergeladen hat, auf seinem Blog einbinden kann.

Worüber geht dein Blog?

Auf „Copy Paste Love" dreht sich alles um dein Thema Bloggen. Es gibt Tutorials für das Blog und Design- & Blogging-Tipps, aber auch Themen wie Fotografie und Lifestyle finden dort ihr Zuhause.

An wen richtet sich dein Blog? Wie kannst du deine Leser immer wieder aufs Neue für dich und dein Blog begeistern?

Mein Blog richtet sich an alle Blogger aus verschiedenen Themenbereichen. Anhand einer Statistik kann ich aber sagen, dass die meisten weiblich und in etwa in meinem Alter sind. Bei meinen Themen ist es ziemlich schwierig, neue Ideen zu finden – deshalb bin ich sehr stark auf Wünsche und Vorschläge von meinen Lesern angewiesen. Hin und wieder schreibe ich auch über persönliche Interessen, um etwas Abwechslung zu bieten – und zum Glück kommt das gut an.

Hast du dir das Blog selbst eingerichtet?

Damals hat mir mein Freund beim Einrichten geholfen. Copy Paste Love war nicht mein erstes Blog, daher hatte ich schon ein wenig Erfahrung. Seit knapp anderthalb Jahren führe ich das Blog mit einem Team und alle Blogdesigns sind von mir.

Fakten, Fakten, Fakten:
„Copy Paste Love" hat über 3 Millionen Klicks, über 200.000 Besucher und über 10.000 Abonnenten über verschiedene Dienste.

Wie wichtig ist dir ein Corporate Design und wie setzt du das Design konsequent um?

Corporate Design ist etwas, wovon ich oft gehört habe. Ich denke, als normaler Blogger ist ein einfaches Logo am Anfang ausreichend. Über ein Corporate Design denke ich auch schon seit einiger Zeit nach, bin jedoch unsicher, da so etwas sehr viel Zeit und Ideen braucht. Ein Corporate Design kann nicht an einem Tag entstehen und braucht (meiner Meinung nach) Fachwissen. Ich hoffe, ich werde das Thema im Studium behandeln – im Internet findet man (noch) wenig dazu.

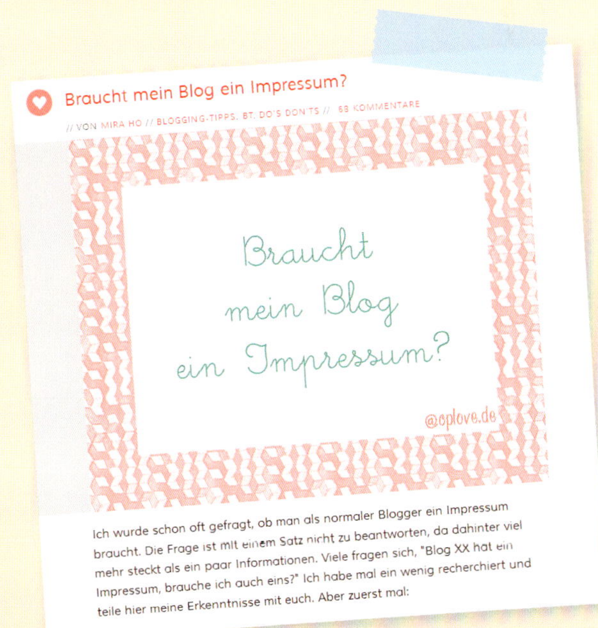

Worauf sollten Blogger beim Fotografieren ihrer Produkte achten?

Ich mache kein handfestes DIY, sondern fertige digitale Sets für das Blog an. Denen, die „echtes“ DIY verkaufen, empfehle ich für ihre Bilder einen ruhigen Hintergrund (am besten einfarbig) für das Produkt und einen Ort, wo genug Tageslicht vorhanden ist. Dazu kann man mit der Perspektive spielen, indem man sein Produkt aus einem anderen Winkel fotografiert. Wichtig finde ich aber auch die Nachbearbeitung. Dafür braucht man nicht gleich das teuerste Werkzeug, mit kostenlosen Programmen kann man auch ganz schnell Kontrast und Helligkeit verändern.

Was macht ein gutes Kreativ-Blog aus?

Meiner Meinung nach macht Persönlichkeit ein gutes Kreativ-Blog aus. Frische Ideen und tolle Projekte sind wichtig, aber noch interessanter finde ich es, wenn man diese Dinge mit der Person dahinter in Verbindung bringt und die Zusammenhänge erkennen kann. Die größten kreativen Köpfe, die ich kenne, haben dementsprechend auch ein sehr ansprechendes Design auf ihrem Blog.
Durch den Inhalt alleine wird man kein bekannter Blogger – viele Blogger aus dem Bereich Kochen, Backen, DIY, aber auch Interieur und Deko verlinken sich gegenseitig auf der Startseite oder auf bestimmten Seiten, erwähnen die Ideen von anderen Bloggern in ihren Posts und geben sich gegenseitig Feedback in Form von Kommentaren. So verteilt man seine Blog-URL in der Blogosphäre und bekommt gleichzeitig kreativen Input.

Sara Plavic vom Blog Birds Like Cake (birdslikecake.blogspot.de)

Was machst du beruflich, wie und wo lebst du?

Ich habe gerade mein Medizinstudium abgeschlossen und wohne in einer 1,5-Zimmer-Studentenwohnung in Mainz. Auch wenn ich nur eine kleine Küchenzeile habe, ist mein Minibackofen mein bester Freund und Helfer bei all meinen Backprojekten.

Welche Erfahrungen hast du mit deinem Blog gemacht?

Ich konnte bis jetzt nur gute Erfahrungen mit meinem Blog sammeln. Es ist eine wundervolle Plattform, auf der ich mein Hobby teilen kann. Mein Blog hat mir Dinge ermöglicht, von denen ich vorher nie geträumt hätte, und ich habe einige wundervolle Menschen darüber kennengelernt.

Warum hast du ein Blog?

Das Blog habe ich als persönliche, kreative Plattform gegründet, auf der ich meine Hobbys Backen und Fotografieren vereinen kann. Ich habe dort zunächst nur Rezepte für meine Freunde und Familie veröffentlicht. Je mehr ich selbst auch Blogs gelesen habe, desto mehr eröffnete sich mir die „Blogwelt" – eine Welt voller kreativer Ideen, toller Menschen dahinter und eine wunderbare Alternative zu Zeitschriften. Vor allem da es viel persönlicher ist. Mit meinem Blog eröffneten sich mir fantastische Möglichkeiten, wie z. B. regelmäßige Fernsehauftritte oder Artikel in renommierten Zeitschriften oder Online-Plattformen.

Drei Stichworte, die dein Blog beschreiben:
Baking – Enjoying – Sharing

Worüber geht dein Blog?

Mein Blog „Birds Like Cake" ist hauptsächlich ein Back-Blog. Ich berichte darauf über alle meine Backexperimente und teile die Rezepte und Tipps mit meinen Lesern. Da ich auch sehr gerne verreise und dabei auch das Essen immer eine wichtige Rolle spielt, schreibe ich für meine Leser gelegentlich Reiseberichte und stelle Cafés und Restaurants vor.

Wie bist du auf den Namen gekommen?

Meine Schwester zeigte mir einmal eine wunderschöne Grafik eines kleinen Vögelchens, welches auf dem Kopf einen kleinen Cupcake trug. Mir gefiel die Zeichnung so gut , dass in meinem Kopf die Idee ent-

Dein Lebensmotto:
Never let the fear of striking out keep you from playing the game.
(Lass dich von der Angst vorm Schlag nie davon abhalten, das Spiel zu spielen.)

stand, die leckeren, schön verzierten Kuchen und Cupcakes mit diesem kleinen Vögelchen in einem Namen zu vereinen.

Hast du dein Blog selbst eingerichtet?

Das Blog habe ich selbst eingerichtet bei blogger.com. Auch ohne große Internet-Vorkenntnisse bietet einem diese Plattform eine einfache Möglichkeit, Blogbeiträge zu verfassen und Bilder und Links zu integrieren. Außerdem gibt es dort schöne Hintergrundvorlagen, weshalb ich es als einfachen Start empfunden habe.

Hast du dein Blog-Header und das Logo selbst entworfen?

Die Idee für mein Banner habe ich gemeinsam mit einer guten Freundin entworfen, die sie dann künstlerisch umgesetzt hat. Mein Logo hat ein guter Freund entworfen. Ich habe versucht, das Thema Birds und Cake konsequent in Banner und Logo umzusetzen, und mein Logo findet sich auf meinem Blog als Button und gelegentlich auf Fotografien und auf meiner Facebook-Seite wieder.

Was richtest du alles nach diesem Design aus?

Ich habe mein Logo z. B. auch als Stempel entwerfen lassen, sodass ich meine Cupcake-Boxen und meine Post (z. B. Päckchen und Briefpost bei Give-aways) individuell damit gestalten kann. Auch auf meinen Visitenkarten und meinem Briefpapier findet sich mein Logo wieder.

Wie setzt du deine Kreationen fotografisch ins rechte Licht?

Das Wichtigste beim Fotografieren ist das Licht! Ohne Tageslicht kommt bei mir nichts vor die Linse. Und auch das Setting ist mir sehr wichtig. Etwas Deko, ein schöner Hintergrund, ein dezentes, farblich passendes Tuch – alles in allem muss es für mich stimmig sein und dem Betrachter mehr Appetit auf mein Werk machen. Ich persönlich arbeite gerne mit hellen Farben und bevorzuge den nordisch-skandinavischen Stil.

Was macht ein gutes Kreativ-Blog aus?

Ich persönlich mag Blogs, bei denen man auch die Person dahinter etwas kennenlernt. Wichtig bei Back-Blogs sind präzise Rezeptangaben und Angaben von Bezugsquellen, damit man seltene Zutaten oder Backutensilien auch ohne Probleme nachkaufen kann. Vor allem bei schwierigen Arbeiten sind gute Anleitungen wichtig, evtl. mit Hinweis auf weitere Quellen, bei denen man sich informieren kann. Hilfreich können auch Tipps zur Vermeidung von Missgeschicken sein.

Was bloggst du so alles und wie kommst du immer wieder auf neue Ideen?

Ich blogge vor allem über meine Backkreationen und Experimente in der Küche. Bevor ich selbst zum Bloggen kam, hat mich die Vielzahl und Verschiedenheit der Blogs fasziniert. Viele meiner Ideen stammen aus dem Internet, sei es ein schönes Bild bei Pinterest oder ein leckeres Rezept auf anderen Food-Blogs. Ich besitze aber auch sehr viele Backbücher und Zeitschriften. Je mehr ich gebacken habe, desto sicherer wurde ich auch bei der Zusammensetzung des richtigen Rezepts, sodass ich mittlerweile auch sehr viele Rezepte komplett selbst kreiere – diese kann man unter dem Titel „Sara's Original" auf meinem Blog finden.

Inwiefern machst du PR bzw. Eigenwerbung für deinen Blog?

Ich arbeite gerne mit Verlagen zusammen und schreibe für bereitgestellte Bücher Rezensionen auf meinem Blog. Die Bücher müssen natürlich zu meiner Thematik passen. Meistens backe ich auch etwas daraus und bringe meinen Lesern so das Buch näher. Mit ausgewählten Shops gehe ich auch Kooperationen ein, z. B. im Tausch für Produkte.

Worauf sollte man beim Schreiben von Posts achten?

Jedes Blog ist individuell. Es gibt keine Regel, wie man einen Post verfassen soll. Jedoch ist die persönliche Note sehr wichtig. Ein Rezept ist nun mal sehr nüchtern und kann überall in ähnlicher Form gefunden werden. Meist schreibe ich in einem Post, warum ich gerade dieses Rezept ausgewählt habe, und gelegentlich eine Anekdote aus meinem persönlichen Leben – für wen ich den Kuchen gebacken habe, an was mich der Kuchen erinnert oder Ähnliches. Ich möchte, dass der Leser mich dadurch etwas kennenlernt und so virtuell an meinem Tisch Platz nimmt.

Wie viele Leser hat dein Blog?

Ich hatte, seit ich mein Blog im Mai 2012 gegründet habe, fast 360.000 Klicks, täglich ca. 1500 Seitenaufrufe und im Monat fast 8000 Besucher. Bei Google Friend Connect habe ich ca. 236 Follower, bei Facebook 1280 Leser und bei bei Instagram über 700 Follower.

Wie viel Zeit nimmt das Bloggen bei dir wöchentlich in Anspruch?

Ich versuche zwei- bis dreimal pro Woche einen Beitrag zu posten, und da ich eh oft Anlässe zum Backen habe, ergeben sich die Posts fast von selbst. Diese Werke werden dann jedoch noch ins richtige Licht gerückt. Das Fotografieren beansprucht dabei bis zu zwei Stunden pro Beitrag, denn man muss das richtige Setting aufbauen, die richtige Zeit wegen des Lichteinfalls abwarten und die Fotos nachbearbeiten. Den Post vorzubereiten dauert meistens auch ein bis zwei Stunden pro Beitrag. Das Wichtigste ist also die Planung. So backe ich nicht jede Woche konstant drei Mal, sondern bereite viele Beiträge auch einfach vor. Aber Bloggen ist schon ein Vollzeit-Hobby. Man bleibt immer vernetzt, aktualisiert ständig, z. B. auf den sozialen Plattformen, und muss sich auch Zeit für seine Leser und für das Beantworten von Fragen und Kommentaren nehmen.

Welchen Rat kannst du den Leuten geben, die sich ein eigenes Blog einrichten möchten?

Es gibt kein „Geheimrezept", wie man einen erfolgreichen Blog schreibt. Das Wichtigste ist jedoch, sich selbst treu zu bleiben und vor allem über sich und seine Ideen oder Rezepte zu schreiben. Das Blog hat mir sehr geholfen, mein Hobby immer weiter auszubauen und mich beim Backen und Fotografieren konstant zu verbessern.

Wie heißen deine drei liebsten Blogs und was gefällt dir besonders an ihnen?

Mein liebster internationaler Back- und Koch-Blog ist „Annies Eats". Ich liebe Annies Schreibstil, ihre wundervollen Fotos und vor allem ihre kreativen Rezepte, die absolut 100% gelingsicher sind! „Saras Torten und Cupcakes" war das erste deutschsprachige Backblog, das ich gelesen habe. Mein erster erfolgreicher Cupcake entstand nach einem ihrer Rezepte. Ihre Torten inspirierten mich sehr, mein Backhobby immer weiter auszubauen. Da ich mich neben dem Backen auch für Fashion und Reisen interessiere, ist einer meiner liebsten Blogs „Bikinis & Passports" geworden. Vicky berichtet auf ihrem Blog über aktuelle Modetrends, kombiniert mit tollen Reiseberichten und Kleinigkeiten, die das Leben schöner machen.

Die Logik hinter Blogs

Auf den ersten Blick sind Blogs nicht anders als jede andere Website. Wenn du genauer hinsiehst, erkennst du aber sofort, ob ein Blog-System hinter einer Website steckt oder nicht. Meistens ist das dann der Fall, wenn die Website in Tagebuch-Form aufgebaut ist, also aus immer neuen Einträgen besteht, wobei der neueste ganz oben zu sehen ist und die älteren zeitlich sortiert darunter. Aus welchen Bestandteilen Blogs sonst noch genau bestehen, zeigen wir dir in diesem Kapitel.

Die typischen Bestandteile eines Blogs: Einträge (1), Kommentare, Trackbacks und Pingbacks (2), der RSS-Feed (3), die Blogroll (4) und das Archiv (5) – hier gezeigt am Beispiel von Saras Blog „Birds Like Cake".

Einträge

Kein Blog ohne Einträge. Wenn du bloggst, schreibst du regelmäßig neue Einträge, die automatisch ganz oben auf der Startseite deines Blogs erscheinen. Alle Einträge, die du vorher geschrieben hast, werden zeitlich „rückwärts" darunter angeordnet. Du kannst in deiner Blog-Software meistens auch auswählen, wie viele dieser Einträge auf der Startseite zu sehen sein sollen. Sollen es 30 Stück sein? Sollen die letzten vier Wochen direkt auf der Startseite zu sehen sein und danach ins Archiv wandern? All das erledigt dein Blog-System automatisch für dich.
Einträge, die nicht mehr auf der Startseite zu sehen sind, lassen sich in den meisten Blogs entweder durch ein Monatsarchiv anwählen, oder die Leser nutzen dafür das Suchfeld. Hast du zum Beispiel einen Eintrag über gehäkelte Topflappen in dein Blog gesetzt, genügt es, im Suchfeld „Topflappen" einzugeben – schon erscheint der passende Eintrag.

Zu jedem Eintrag gehört außerdem ein dauerhafter Link, der sogenannte Permalink. Dahinter steckt die Adresse des jeweiligen Eintrags, unter der du auch das Formular finden kannst, um den Eintrag zu kommentieren. Der Permalink ist auch der Link, den du selbst setzen kannst, wenn du nur einen bestimmten Eintrag eines anderen Blogs in deinem verlinken möchtest. Zu finden ist der Permalink meistens

unter dem Eintrag; aber auch die Überschrift ist oft mit ihm versehen.
Innerhalb der Einträge zeichnen sich Blogs übrigens auch dadurch aus, dass ihre Autoren stark mit Links arbeiten. Sie verlangen von dir nicht, dass du um jeden Preis auf ihrer Website bleibst – sie verlinken einzelne Stellen, um dir Hintergrundinformationen, Quellen und mehr Infos zu liefern.

Kommentarliste zu einer selbst gemachten Strickbank auf dem Blog „Sinnenrausch“

Kommentare

Bei den meisten Blogs gilt: Jeder Eintrag lässt sich kommentieren. Die Leser können so Kritik äußern, ihre Meinung zu den Themen abgeben oder auch Texte ergänzen. Gerade die Kommentare machen ein Blog aus, denn sie tragen dazu bei, dass im Netz eine neue Diskussionskultur entsteht. Sie hebt sich von den oft unsachlichen Debattierclubs in vielen Foren im Netz ab, denn hier werden die Themen durch die Blogger vorgegeben – und auch die Kommentare bleiben meist eng am Thema.

Die Kommentare dienen also dazu, dass die Leser die Blogs nicht nur lesen, sondern an ihnen teilnehmen – ein ganz neuer Ansatz. Kommentare in deinem Blog kannst du auch dazu nutzen, dein Blog zu verbessern. Schließlich schreiben dort die eigenen Leser, und aus ihren Kommentaren erkennst du, welche Artikel ihnen vielleicht besonders gut gefallen haben oder ob sie noch Kritik an einigen Dingen in deinem Blog üben.

Trackbacks/Pingbacks

Das Besondere an Blogs ist die Möglichkeit, dass sie sich automatisch untereinander vernetzen können. Nicht jede Blog-Software beherrscht die Technik, die wichtigsten wie Movable Type und WordPress tun es aber. Stell dir vor, du schreibst in dein Blog einen Eintrag, in dem du ein bestimmtes Kochbuch für schlecht befindest. Nimmt ein weiterer Blogger nun auf diesen Eintrag Bezug, weil er das Buch wirklich gut findet, kommt die Trackback-Funktion ins Spiel.

Unter deinem Eintrag erscheint dann in Form eines normalen Kommentars ein Link auf den Eintrag dieses Bloggers – beide Blogs haben sich automatisch vernetzt.

Die Trackback-Funktion, die also am Ende auch nichts anderes darstellt als einen Kommentar, nur von einer anderen Website, wurde ursprünglich von der Firma Six Apart für die Blog-Software Movable Type entwickelt; in der Software WordPress wird sie als Pingback bezeichnet, funktioniert aber ganz grob genau gleich. Einzelne Blogger nutzen die Trackback-Funktion auch aus, um gegenseitig stärker aufeinander zu verlinken. Das kann mitunter dabei helfen, dass sie am Ende in den Ergebnissen der Suchmaschinen wie Google weiter oben stehen.

RSS-Feeds

Wer ein Blog liest, der liest meistens nicht nur ein Blog, sondern hat gleich mehrere auf seiner Liste. Da es mühselig ist, jeden Tag Dutzende von Websites abzusurfen, kannst du es dir einfacher machen, indem du die Blogs abonnierst. An dieser Stelle kommen die RSS-Dateien ins Spiel. Zu jedem Blog gehört eine solche Datei, die man auch als RSS-Feed oder einfach nur Feed bezeichnet.

Ein Feed enthält die reinen Inhalte des Blogs. Wenn du ein Blog abonnieren möchtest, kannst du die Adresse zum RSS-Feed einfach in einen sogenannten Newsreader oder auch Feedreader eingeben. Meistens sind die Adressen der Feeds in Blogs mit dem RSS-Symbol verlinkt.

Erst Blogs haben diese Feeds übrigens wirklich populär gemacht. Deinen eigenen Feed kannst du bei Diensten wie dem RSS-Scout (rss-scout.de), den RSS-Nachrichten (rss-nachrichten.de) oder dem RSS-Verzeichnis (rss-verzeichnis.de) anmelden, um an Leser zu kommen.

Hast du die Adressen deiner Lieblingsblogs in den Feedreader eingegeben, kannst du mit diesem Programm alle abonnierten Blogs lesen – die neuen Einträge lädt sich der Feedreader regelmäßig automatisch neu aus dem Netz. Willst du Kommentare abgeben, klickst du einfach auf den Permalink, den der Feedreader zu jedem einzelnen Eintrag mitliefert, und schon landest du auf der Website. Moderne Browser haben Feedreader-Funktionen schon eingebaut und zeigen in ihrer Adressleiste an, ob es zur aktuell angezeigten Website einen RSS-Feed gibt. Es gibt aber auch separate Programme, die meist noch spezielle Funktionen zum Lesen der Feeds bieten.

Feedreader

Es gibt etliche Feedreader, sowohl für Windows und Mac-Systeme als auch solche, die man online und somit von jedem Computer aus nutzen kann. Über all diese Feedreader könnte man allein ein ganzes Buch füllen. Deshalb werden dir hier nur die wichtigsten vorgestellt – ohne Anspruch auf Vollständigkeit.

Bloglines (bloglines.com) ist einer der großen Feedreader, den man nicht installieren muss. Du kannst mit diesem Dienst deine Feeds online abonnieren und auch auf deinem Handy oder PDA anzeigen lassen. Bloglines hilft dir außerdem dabei, Ordnung in deine abonnierten E-Mail-Newsletter zu bringen, und bietet dir Hitlisten der beliebtesten Themen und Blogs auf Basis der Abonnements aller anderen Nutzer. Das ist der große Vorteil eines solchen Online-Dienstes gegenüber fest installierten Feedreadern. Eine schon bestehende Sammlung abonnierter Feeds im sogenannten OPML-Format kannst du übrigens schnell und bequem bei Bloglines importieren und exportieren.

Netvibes (netvibes.com) ist eine spezielle Form des Feedreaders, die über das Angebot von Bloglines und Google Reader hinausgeht. Netvibes tritt unter dem Motto „(re)mix the web" an und ist im Grunde eine personalisierte Website. Du kannst auf dieser Seite deine abonnierten Feeds anzeigen lassen, genauso aber auch E-Mails, Podcasts, Internet-Favoriten von Diensten wie del.icio.us oder Fotos von Diensten wie flickr – die Möglichkeiten sind unbegrenzt. Der große Vorteil: Du musst dich bei Netvibes noch nicht einmal einloggen, wenn du es nicht unbedingt möchtest – alle Einstellungen werden auf deiner Festplatte als Cookie gespeichert.

FeedDemon (feeddemon.com) ist der bekannteste Feedreader für Windows-Systeme und stammt aus der Schmiede der RSS-Experten von NewsGator. Das Programm sortiert die Feeds und die neuesten Einträge in einer Ordnerstruktur und ist in seinem Aufbau an das Aussehen des Windows Explorers angelehnt, sodass du dich sehr schnell in das Programm einarbeiten kannst. Falls du bei den neuen Einträgen in den RSS-Feeds den Wald vor lauter Bäumen nicht mehr sehen kannst, bietet dir der FeedDemon den Panik-Button an. Einmal gedrückt, werden alle Einträge als „gelesen“ markiert.

NetNewsWire (netnewswireapp.com) war einer der ersten Feedreader, die es auf dem Markt gab, und er wird ebenfalls von NewsGator vertrieben. Bis heute ist das Programm der populärste Feedreader für Mac-User und wird vom Hersteller zum kostenlosen Download angeboten. NetNewsWire lässt sich auch als Podcatcher nutzen. Komfortabel: NewsGator bietet dir eine Synchronisation von RSS-Feeds an, dank der du an verschiedenen Computern, im Netz und auf dem iPhone immer auf dem gleichen Stand bist.

Blogrolls

Die Blogosphäre zeichnet sich unter anderem durch starke Vernetzung aus. Das geschieht durch Einträge, die aufeinander Bezug nehmen, durch die schon beschriebenen Trackbacks und Pingbacks, aber auch durch gegenseitige Verlinkungen. Dazu dient in Blogs oft die sogenannte Blogroll, die man am ehesten als Empfehlungsliste umschreiben kann. Autoren empfehlen darin meistens Blogs, die sie selbst gerne lesen.

Wenn du selbst irgendwann mit deiner Website in einer Blogroll auftauchst, ist das schon ein kleiner Ritterschlag – denn so verankerst du dich fest in der Blogosphäre. Viele Blogrolls werden von Hand gepflegt. Es gibt aber auch Services, die die Pflege automatisieren. Das geht zum Beispiel mit der

Renates Blog-Lieblingsliste auf ihrem Blog „Titatoni“

Blog-Software WordPress, die dir auch die Möglichkeit bietet, aus deinem Feedreader automatisch alle abonnierten Websites einzulesen und in deine Blogroll zu übernehmen.

Archive

Würden alle Artikel, die du in deinem Blog veröffentlichst, auf der Startseite stehen, würde es schon nach wenigen Tagen oder Wochen unübersichtlich, und die Ladezeit für dein Blog würde ins Unermessliche steigen. Ein extrem wichtiger Punkt in jedem Blog sind deshalb die Archive – deine Blog-Software übernimmt automatisch das Anlegen der Archive und Einsortieren der einzelnen Artikel.

Meistens kannst du in deiner Blog-Software auch angeben, wie genau diese Archive sortiert werden sollen. Arbeitest du mit Kategorien, denen du deine Artikel zuordnest, kannst du zum Beispiel Archive zu den einzelnen Kategorien anlegen. Die meisten Archive arbeiten aber nach dem Kalender – pro Monat legt die Blog-Software dir eine einzelne Seite an. Zugänglich ist das Archiv meistens direkt über die Startseite.

Rechtliche Aspekte

Es könnte alles so einfach sein – ist es aber nicht. Du klickst dir schnell ein Design zusammen, nimmst hier ein Bild her und dort ein paar Icons, und schon kannst du ein schönes Blog dein Eigen nennen. Das Problem ist, dass du damit ganz schnell Probleme mit dem Anwalt bekommen kannst. Denn das meiste von dem, was im Internet herumschwirrt, ist rechtlich geschützt. Vor allem, wenn es um Bildrechte geht, entzündet sich immer wieder Streit. Deshalb solltest du vorsichtig sein!

Bilder in Blogs

Immer wieder kommt in der Blogosphäre Empörung auf, wenn die Betreiber einer kommerziellen Website massiv gegen Blogger vorgehen. Dabei werden Blogger abgemahnt, weil sie unter anderem Bilder der Website veröffentlichen – und müssen am Ende zum Teil hohe Beträge dafür hinblättern. Fragwürdig mag es sein, wenn private Blogger direkt Schreiben von Anwälten bekommen, statt einer E-Mail mit der Bitte, das Bild aus dem Blog zu nehmen. Trotzdem sind die Betreiber im Recht – bei ihnen liegt schließlich das Urheberrecht an den Bildern.

Gerade Bildrechte sind eine komplizierte Sache, und deswegen greifen Blogger und Webdesigner immer wieder gern auf Bibliotheken mit freien Bildern im Netz zurück. Ein paar dieser Seiten möchten wir dir an dieser Stelle vorstellen – ohne Anspruch auf Vollständigkeit, denn es gibt unzählige solcher Bibliotheken. Viele der Bilder, die du dort findest, darfst du kostenfrei einsetzen, wenn du den Urheber nennst. Der Vorteil für die Fotografen: Sie können das Netz dazu nutzen, mit ihren Bildern bekannt zu werden, behalten aber die Urheberrechte. Die Bibliotheken zeigen meistens zu jedem Bild genau an, ob du es nutzen darfst oder nicht.

Bilddatenbanken

Fotolia (fotolia.com) ist die bekannteste Bilddatenbank und enthält Millionen von lizenzfreien Bildern, Vektorgrafiken und Videos. Die Daten können für jede Art von Design oder Dokument zeitlich und örtlich uneingeschränkt genutzt werden.

Photocase (photocase.de) ist ebenfalls eine bekannte Bilddatenbank im Netz. Das Verzeichnis zählt inzwischen mehr als 250.000 Fotos, die du meistens sowohl kommerziell als auch nicht kommerziell einsetzen und auch bearbeiten darfst. Du musst dir zuvor ein Konto mit Credits anlegen und kannst dir die Fotos danach einfach herunterladen.

Benutzt du ein Foto von Photocase, bist du verpflichtet, auf deiner Website einen Link zu setzen (zum Beispiel im Impressum) und zum Foto den Fotografen namentlich oder mit dessen Photocase-Benutzernamen zu nennen. Eine Möglichkeit ist zum Beispiel, im Alt-Tag des Fotos einen Hinweis wie „Wolken und Sonne, Rechte: Max Mustermann, photocase.com“ unterzubringen. Zusätzlich freut sich jeder Fotograf über einen kurzen Link als Beleg – viele der Fotografen schreiben das auch ausdrücklich unters Foto.
An dieser Stelle Vorsicht: Einige wenige Fotografen schränken die Rechte, die du bei der Nutzung von Fotos hast, an dieser Stelle auch ein.

Flickr (flickr.com) ist ein großer Teil des Web 2.0 und eine große Fotodatenbank, die von ihren Nutzern per Browser, E-Mail oder MMS gefüttert werden kann. Wenn du Bilder aus dieser Datenbank nutzen möchtest, kannst du dazu eine spezielle Suchfunktion nutzen, die dir ausschließlich die Bilder anzeigt, die unter einer Creative-Commons-Lizenz und somit zur freien Nutzung zur Verfügung stehen. Nutzt du ein Foto, solltest du auch hier den Namen des Fotografen und die Quelle nennen – ähnlich wie bei Photocase.

Zum Bloggen stellt Flickr den Button *Foto bloggen* bereit. Wenn du auf ihn klickst, wird das zurzeit angezeigte Foto automatisch in deinem Blog veröffentlicht. Gerade deshalb solltest du bei Flickr aber genau auf die Bildrechte achten, denn ein sehr großer Teil der Fotos ist überhaupt nicht zur weiteren Nutzung freigegeben. Du bekommst die Rechteangaben zu einem Foto immer direkt daneben angezeigt.

stock.xchng (sxc.hu) verzeichnet mittlerweile ca. 400.000 Fotos, viele davon in wirklich sehr guter Qualität. Die Fotos kannst du dir in Ruhe zusammenstellen und wie bei Photocase auch zunächst einmal in einer Lightbox ablegen. Danach entscheidest du, welche Fotos du genau herunterladen möchtest.

Auch bei stock.xchng gilt, dass du die Rechteangaben zu jedem Bild genau beachten solltest. Nicht jeder Fotograf möchte, dass seine Fotos in allen möglichen Medien wieder auftauchen. Solltest du ein Foto nutzen, für das du die Erlaubnis hast, gilt auch hier: Urheber und Quelle nennen, und schon bist du auf der sicheren Seite.

Es gibt etliche weitere Quellen neben den vier ganz großen Verzeichnissen. Einige davon führen nur eine kleinere Zahl von Fotos in ihrem Archiv, die dafür aber mit wirklich guter Qualität glänzen, andere wiederum achten nicht auf die Qualität. Dafür findest du in ihnen aber Fotos zu jedem noch so ausgefallenen Suchbegriff. Du solltest aber grundsätzlich vorher genau nachschauen, ob das Foto, das dir so gut gefällt, wirklich zur Verwendung freigegeben ist. Wenn nicht: Manchmal hilft auch eine kurze, nette E-Mail an den Fotografen, und er macht eine Ausnahme für dich.

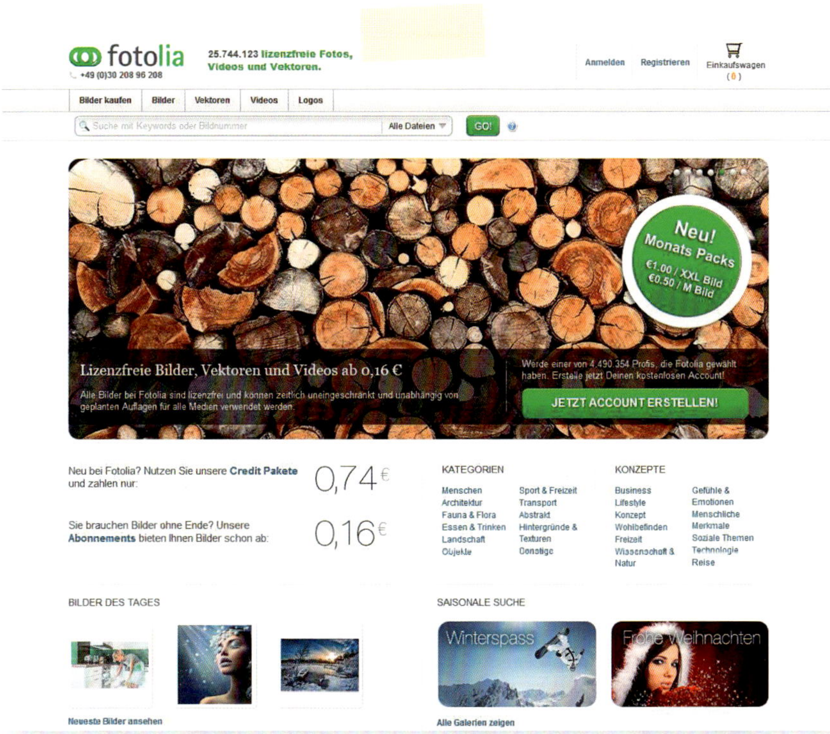

Was ist die Creative-Commons-Lizenz?

Besonders die Kreativen im Internet sind unzufrieden mit dem Urheberrecht. Deshalb hat ein Rechtsprofessor in den USA 2001 die gemeinnützige Gesellschaft Creative Commons (creativecommons.org) aus der Taufe gehoben. Kreative, Medienmacher und Wissenschaftler haben damit ein Werkzeug, mit dem sie selbst bestimmen können, was sie mit ihren Werken machen und wie sie diese verwerten können. Fotografen können so zum Beispiel an den richtigen Stellen Geld mit ihren Bildern verdienen, sie aber auch anderen frei zur Verfügung stellen.
Creative Commons versucht, diese Gratwanderung mit einer Reihe von Lizenzen zu packen, die modulartig aufgebaut sind. Das geht vom strengen Copyright, das keine Bearbeitung und keine kommerzielle Nutzung erlaubt, bis zur komplett freien Lizenz, bei der der Fotograf nur noch weiter als Autor genannt werden muss. Auf der Website des Projekts kannst du dir auch für deine eigenen Werke kostenlos Lizenzen erstellen. Lädst du dir Fotos aus einer der Bibliotheken herunter, die wir dir auf den vorherigen Seiten empfohlen haben, wirst du eventuell auch in Berührung mit diesen Lizenzen kommen. Ein Klick darauf, und du bekommst eine genaue Beschreibung angezeigt, was du mit dem Foto machen darfst und was nicht.

Die großen Verbote

Wie schön wäre es, wenn man immer machen dürfte, was man will. Das geht natürlich nicht – auch nicht beim Bloggen. Denn was du schreibst und ins Netz stellst, können theoretisch mehr Menschen lesen, als die Bildzeitung Abonnenten hat. An dieser Stelle deshalb ein paar wichtige Dinge für deinen Hinterkopf.

Verboten: fremdes Material. Material von Dritten ist für dein Blog erst einmal verboten – außer du hast die Erlaubnis bekommen oder es steht unter einer Creative-Commons-Lizenz. Selbst wenn du Werbung für etwas machen möchtest, hast du nicht automatisch das Recht dazu, Material dessen zu verwenden, also Bilder oder Texte in deinem Blog zu nutzen. Es geht das Gerücht um, im Rahmen des Zitatrechts sei das erlaubt. Das Zitatrecht bietet aber nur die Möglichkeit, zum Beispiel kleine Textstücke zu nutzen, um eigene Aussagen zu untermauern. Die dürfen nur so lang sein, wie es dafür notwendig ist, und du musst natürlich die Quelle und den Urheber angeben. Setzt du dich darüber hinweg, kann es teuer werden. Zu diesem Punkt sollte übrigens auch gesagt sein, dass es nicht nur unter Journalisten zum guten Stil gehört, Quellen für Texte, Bilder und Daten anzugeben.

Verboten: Beleidigungen. Dass rechtsradikales, pornografisches oder anderes Material, das rechtswidrig ist, in deinem Blog nichts zu suchen hat, ist logisch. Wichtig ist auch: Du solltest vorsichtig werden, wenn es um Dritte geht. Was für dich treffsichere Kritik ist, ist für andere vielleicht schon eine knallharte Beleidigung, und Blog-Artikel sind im Internet mitunter auch noch Jahre später zu finden – auch für mögliche Arbeitgeber, die sich oft und gern über ihre Bewerber im Netz informieren. Sage vorher auf jeden Fall, dass es sich um deine Meinung handelt. Oder bewege dich im Konjunktiv. „Max und Moritz sind Vollidioten" ist wenig geschickt. Wenn schon: „Ich meine, Max und Moritz sind Vollidioten" oder „Kritiker behaupten ja, Max und Moritz seien Vollidioten." Ob dich das dann trotzdem schützt, ist eine andere Frage. Du bist auch als Blogger zu journalistischer Sorgfalt verpflichtet, und das heißt, dass du im Extremfall auch eine Gegendarstellung veröffentlichen musst.

Verboten: verfälschte Zitate. Wenn du ein Interview in deinem Blog veröffentlichst oder eine Person zitierst, gibt es zwei wichtige Regeln: Du darfst die Antworten deines Gesprächspartners nicht so umschreiben, dass sie einen völlig anderen Sinn ergeben, und dein Gesprächspartner muss erst einmal damit einverstanden sein, dass du ihn überhaupt zitierst oder ein Interview veröffentlichst. Oft gibt es seitens der Gesprächspartner die Bitte, das Interview vor der Veröffentlichung noch einmal gegenlesen zu dürfen. Hierfür gibt es keine rechtliche Grundlage. Ob du deinen Gesprächspartner das Interview noch einmal lesen lässt, ist eine Frage des Prinzips und des gegenseitigen Vertrauens.

Verboten: Schleichwerbung. Werbung ist Werbung. Wenn du irgendwann einmal groß wirst mit deinem Blog, ergibt sich vielleicht die eine oder andere Möglichkeit, für eine Gegenleistung Werbung zu veröffentlichen. Hier gilt für dich wie für alle anderen Medien auch: Werbung musst du als solche kenntlich machen. Auch in Blogs ist Schleichwerbung verboten. Du findest ab Seite 29 ein paar Tipps dazu, wie du vorgehen kannst, wenn du Werbung in dein Blog einbauen möchtest.

Anonym bloggen

Es gibt eine Reihe von Bloggern, die sich entscheiden, unter Pseudonym anzutreten. Das mag an unbequemen Wahrheiten liegen, über die sie schreiben möchten, das mag aber auch daran liegen, dass sie sich einfach nicht viel Öffentlichkeit wünschen. Einige Blog-Services ermöglichen es dir, anonym zu bloggen. Dabei solltest du darauf achten, dass du keine eigene Domain nutzt, denn dann bist du leicht ausfindig zu machen. Und: Anonymes Bloggen ist keine Einladung, eine Beleidigung nach der anderen rauszuhauen. Wer austeilt, muss auch einstecken können.

Blogger und Arbeitgeber

Ärger mit deinem Arbeitgeber kannst du verhindern, indem du ihn einfach aus dem Spiel lässt – außer natürlich, es geht gerade darum, über ihn zu schreiben. Auf jeden Fall solltest du ihn von deiner Tätigkeit als Blogger informieren, denn deine Texte gehen um die Welt, und arbeitest du in einem großen Unternehmen und wird dein Blog über die Grenzen deines Freundeskreises hinaus bekannt, kann es schnell Probleme geben, wenn du über genau dieses Unternehmen schreibst.

Kommentare moderieren?

Die Blog-Software bietet dir üblicherweise eine Option an, die es dir ermöglicht, Kommentare in deinem Blog zu moderieren, also erst nach Durchsicht freizuschalten oder zu löschen. Wir empfehlen dir diese Option, denn Blogger, die sie nicht aktiviert hatten, hatten es zum Teil schon mit Anwälten zu tun, die die Rechte ihrer Mandanten verletzt sahen. Du weißt schließlich nicht vorher, was deine Besucher in ihren Kommentaren schreiben. Die Rechtsprechung sagt, du musst rechtswidrige Kommentare löschen, sobald du Kenntnis von ihnen erlangt hast. Leider ist nicht ganz klar, wann dieser Punkt erreicht ist. Es kann übrigens auch dem Image deines Blogs gut tun, wenn es dort nur Kommentare mit Substanz zu lesen gibt. Damit verhinderst du auch den sogenannten Kommentarspam, der sich immer mehr ausbreitet.

Impressumspflicht

Wenn du ein Blog betreibst und dieses nicht ausschließlich privat ist, also nicht ausschließlich persönlichen oder familiären Zwecken dient, bist du laut Gesetz Anbieter eines sogenannten Mediendienstes. Deswegen gilt für dich das Telemediengesetz, und das besagt: Du benötigst ein Impressum, musst also sagen, wer du bist und wie du zu erreichen bist. Das Impressum sollte von jeder Seite aus erreichbar sein. Das soll es etwas einfacher machen, dich direkt zu packen, wenn etwas schiefläuft, du also zum Beispiel gegen Urheberrechte verstößt oder Dritte verleumdest. Wir hoffen natürlich, dass dir das nach dem Lesen dieses Kapitels nie passiert.

Üblicherweise gehören in ein Impressum dein Name, deine Telefonnummer und deine Post- und E-Mail-Adresse. Es sind darüber hinaus aber auch noch weitere Angaben nötig, die sich unter anderem danach richten, welchen wirtschaftlichen Status du hast und wie deine Website inhaltlich aufgebaut ist.

Zum Nachlesen

Internet:

lawblog.de
blogprofis.de
e-recht24.de

Literatur:

Schwartmann, Rolf; Keber, Tobias: Internetauftritt – So machen Sie Ihr soziales Netzwerk und Ihre Homepage rechtssicher. München: Verlag C.H. Beck 2012.

Geld verdienen mit dem Blog

Alle großen Trends im Netz haben oft eins gemeinsam: Sie werden von Menschen angeschoben, die Herzblut investiert haben, ohne dafür Geld zu sehen. Menschen, die einfach an die Sache glauben. Als das Internet davorstand, massenfähig zu werden, war es so. Bei freier Software, die dann groß wird, war das schon immer so. Bei den Podcasts war es so, und natürlich ist es auch bei den Blogs so. Zu Anfang haben viele Idealisten das Sagen, später mischt sich der Kommerz dazu. Wirklich leben können vom Bloggen nur die Allerwenigsten, aber wenn man es professionell betreibt, also Vollzeit, kann man durchaus ein gutes Einkommen erzielen – entweder in Form von Affiliate-Partnerschaften, Advertorials (siehe Glossar Seite 92/93) oder durch Bannerwerbung.

Werbung in Blogs ist eine umstrittene, aber keineswegs verpönte Geschichte. Allerdings gilt auch hier, dass du maßvoll damit umgehen solltest. Schließlich gibt es schon genug Werbung im Netz, die als Pop-up im Browser aufspringt oder als E-Mail bei dir ankommt. Trotzdem: Vielleicht läuft dein Blog irgendwann richtig gut, und du hast eine stattliche Zahl an Besuchern beisammen. Dann ist es nur legitim, dass du dich dafür auch ein bisschen selbst entschädigst. Denn es steckt ja mitunter viel Arbeit hinter diesen paar Beiträgen, die du da regelmäßig postest.

Mittlerweile gibt es einige Möglichkeiten und auch konkrete Angebote für Blogger, über Werbung oder andere Dienste an Geld zu kommen. An dieser Stelle werden dir einige davon vorgestellt; vorher aber ein Ratschlag: Werbung solltest du nicht nur dosiert einsetzen, sondern auch nur dort, wo sie auch thematisch passt. Teile deinen Lesern außerdem mit, wenn sie auf Werbung stoßen, und gut ist es. Deine Website sollte am Ende nur nicht zur reinen Werbefläche verkommen, denn das stößt die Besucher ab. Denn wenn du selbst ein anderes Blog besuchst – möchtest du, dass es aussieht wie eine virtuelle Litfaßsäule?

Für alle Tipps, die du jetzt bekommst, gibt es einen großen Grundsatz zu beachten: Mit den Besuchern kommt das Geld. Die Besucher kommen, wenn deine Website Profil besitzt, sich zum Beispiel um bestimmte Themen kümmert, die sie interessieren. Und bis du einen regelmäßigen und starken Besucherstrom auf deiner Website verzeichnen kannst, braucht es Zeit. Du solltest deshalb einen langen Atem haben.

Google-Anzeigen

Die meisten Blogger binden auf ihrer Website Werbung ein, die von Google verkauft wurde. Die Google-Anzeigen aus dem sogenannten AdSense-Programm (google.de/adsense) werden kontextbezogen geschaltet, beziehen sich also immer auf den Inhalt der aktuell angezeigten Seite.

Bezahlt wirst du pro Klick auf einen der Links. Die Google-Ads sind weitverbreitet und werden, wenn du sie geschickt platzierst, von den Besuchern nicht als störend empfunden.

Anmelden kannst du dich ganz einfach über dein Google-Konto. Hast du ein AdSense-Konto eröffnet, kannst du über das Setup eine Werbeeinbindung entwerfen, die dem Design deines Blogs entspricht.

Danach spuckt Google AdSense dir einen HTML-Code aus, den du zum Beispiel in die Sidebar deines Blogs integrieren kannst. Arbeitest du mit WordPress, brauchst du dafür im Theme-Editor nur eine einzelne Datei zu ändern – und schon ist die Werbung in deinem Blog zu sehen.

Überprüfen kannst du die Menge der angezeigten Werbung, der Klickzahlen und der letztendlichen Einnahmen auf der Seite „Berichte“.

Du hast außerdem die Möglichkeit, etwas tiefer in die Berichte abzutauchen, um so eventuell noch das ein oder andere optimieren zu können. Ausbezahlt bekommst du die Einnahmen über die Google-Anzeigen immer dann per Scheck oder Überweisung, sobald sie die Schwelle von 70 Euro überschritten haben.

Partnerprogramme

Diverse Internet-Einkaufsparadiese bieten Partnerprogramme an. Schreibst du in deinen Blog-Beiträgen zum Beispiel über Bücher, DVDs oder bestimmte Songs, kannst du einen speziellen Link zu Amazon.de oder iTunes setzen und bekommst so eine Provision pro verkauftem Artikel. Auch hier solltest du darauf achten, dass du diese Links nur dort setzt, wo es auch wirklich angebracht ist und zum Inhalt passt.

Amazon.de nennt dieses Programm PartnerNet (partnernet.amazon.de). Einmal eingeloggt, findest du dort eine ganze Reihe sogenannter Widgets, die du auf deiner Website einbauen kannst.

Interessanter ist aber der Linkgenerator. Hier gibst du die normale Adresse eines Artikels ein und bekommst einen speziellen Link ausgespuckt, den du nun in deinem Blog einfügen kannst. Pro verkauftem Artikel über diesen Link erhältst du bis zu 10% Provision, ohne dass deine Besucher etwas davon merken.

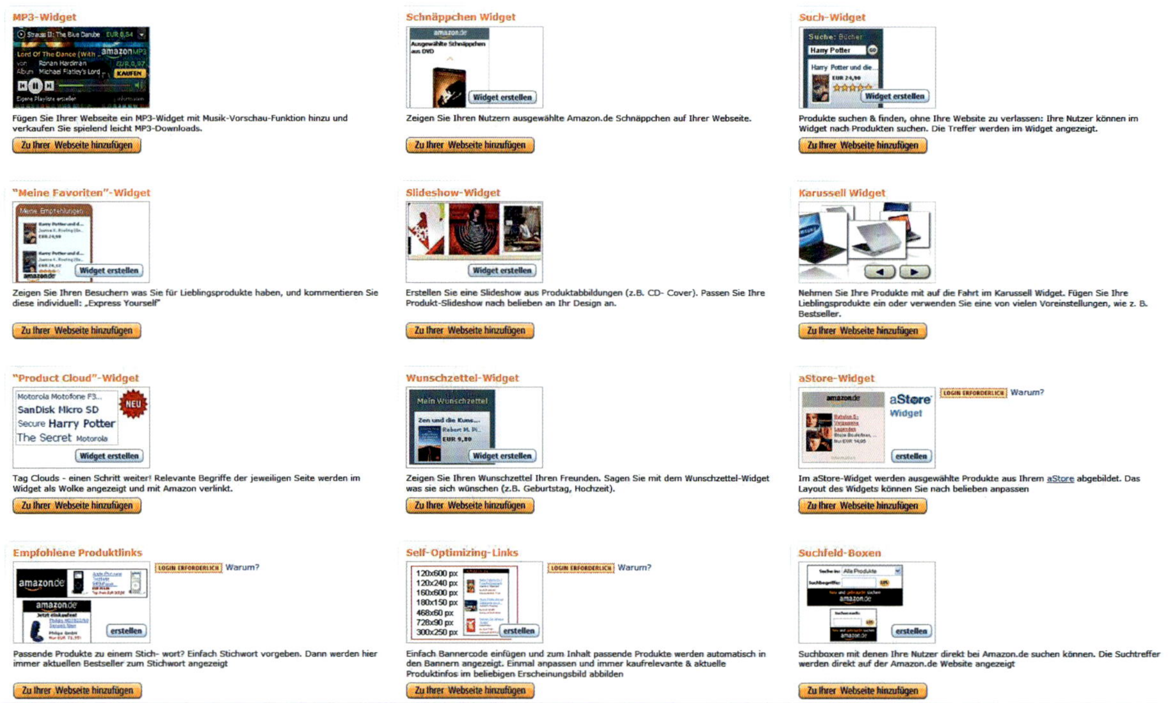

Widgets aus dem Amazon PartnerNet: An dieser Stelle kannst du wählen, welche Produkte in einem eigenen Container in deinem Blog angezeigt werden sollen.

iTunes arbeitet in Sachen Affiliate-Programm (apple.com/de/itunes/affiliates) mit dem Anbieter TradeDoubler (tradedoubler.com) zusammen. Einmal eingeloggt, kannst du dir dort eine ganze Menge von Werbebannern herunterladen, die du in deinem Blog einsetzen kannst. Auch hier sind aber die Textlinks der wesentlich geschicktere Weg, da sie für den Benutzer nicht bemerkbar sind. Per TradeDoubler kannst du die gesamte iTunes-Bibliothek nach einem bestimmten Song oder Album durchsuchen und dir am Ende den HTML-Code anzeigen lassen, den du in deinem Blog-Artikel einfügen musst. Über iTunes hinaus arbeitet TradeDoubler auch mit vielen anderen Unternehmen zusammen; als Konkurrenz dazu haben sich Musicload (musicload.de/partnerprogramm) und affilinet (affili.net) zusammengeschlossen.

eBay bietet ebenfalls ein Partnerprogramm an (ebaypartnernetwork.com). Auch hier kannst du auswählen, ob du mit ganzen Bannern oder einfachen Textlinks deine Besucher zu eBay schicken möchtest. eBay zahlt dir danach eine bestimmte Provision pro Gebot oder sofortigem Kauf. Außerdem bekommst du eine relativ hohe Vergütung, wenn sich Nutzer komplett neu bei eBay anmelden.

Des Weiteren gibt es den Dienst Flattr, ein Social-Payment-Service mit Sitz in Malmö, Schweden. Auch hier bindest du einen Button, ähnlich wie einen Like-Button, auf deiner Seite ein. Flattr-Benutzer legen fest, wie viel sie im Monat spenden wollen. Dieser Betrag wird auf all jenen Seiten verteilt, die einen Flattr-Button eingebaut haben, auf den die Benutzer klicken.

Spenden sammeln

Eine andere gute Möglichkeit: Bitte deine Besucher um Spenden. Gerade bei Websites mit einem hohen Anteil an wiederkehrenden Besuchern kann das etwas abwerfen. Du kannst dich dafür zum Beispiel bei PayPal (paypal.de) anmelden. Die Besucher können sich dann selbst aussuchen, ob es ihnen wert ist, dir einmalig oder auch regelmäßig etwas für dein gutes Blog zu spenden. Dazu musst du nicht auf offensive Betteltour gehen – du kannst relativ unauffällig einen kleinen PayPal-Button zum Beispiel in der Sidebar deines Blogs unterbringen, der zum Spenden auffordert.

Step 2

Dein erstes Kreativ-Blog

So erweckst du dein Blog zum Leben

Du hast inzwischen erste Einblicke in die Blogwelt erhalten und weißt nun zumindest, was RSS-Feeds, Blogrolls und so weiter sind. Damit ist schon mal eine wichtige Grundlage für alle folgenden Kapitel gelegt. Als Nächstes geht es darum, dass du dir selbst ein paar Fragen stellst und für dich klärst, warum du ein Blog haben möchtest, worum es darin gehen soll und worum nicht. All das hilft dir, deine Gedanken zu ordnen und dein Blog klar zu strukturieren.

Überlegungen im Vorfeld

Warum willst du ein Blog? Die Beantwortung dieser Frage entscheidet über alles oder nichts. Willst du ein Blog, weil es dir Spaß macht, über dich und deine Erlebnisse, deine kreativen Schöpfungen zu schreiben und sie mit anderen zu teilen? Dann bist du hier genau richtig. Spaß daran zu haben, ist eine wichtige Bedingung und ein ausschlaggebendes Argument für ein Blog.

Worüber willst du auf deinem Blog schreiben? Mach dir Gedanken darüber, wovon dein Blog handeln soll und welche Themen du dort veröffentlichen möchtest. Dein Blog sollte also einen Sinn haben und regelmäßig gepflegt werden. Ohne diesen Sinn wird es früher oder später eingehen – wie eine Pflanze, die nicht gegossen wird. Überlege dir, was dein Blog einzigartig macht, welche Leser du ansprechen möchtest und wie dein Blog für sie spannend bleibt. Eine Antwort darauf können z. B. tolle Fotos von deinen Produkten sein, die du auf eine ganz besondere Weise fotografiert hast. Oder das Ausloben von Gewinnspielen, an denen deine Leser mit einem Kommentar unter deinem Post teilnehmen können.

Willst du alleine bloggen oder mit anderen zusammen? Überleg dir im Vorfeld, ob du lieber alleine oder mit anderen zusammen ein Blog betreiben möchtest. Wenn du dir mit mehreren Bloggern ein Blog teilst, hat das natürlich den Vorteil, dass nicht du alleine für die Befüllung des Blogs verantwortlich bist. Das heißt für dich, dass du auch mal mehrere Tage am Stück keinen Post veröffentlichen musst. Denn eins sollte dir im Vorfeld bewusst sein: Ein erfolgreiches Blog, im Sinne einer hohen Followergemeinde, lebt von guten und regelmäßigen Einträgen. Dazu aber mehr auf Seite 35. Ein Nachteil eines gemeinschaftlich betriebenen Blogs ist ganz sicher, dass man alles, jeden Beitrag, jedes Foto, miteinander abstimmen muss, denn schließlich stehen alle mit ihrem Namen hinter dem Blog. Soll dein Blog eher persönlichen Charakter haben, sich also um deinen Alltag, dein Leben, deine Inspirationen und so weiter drehen, dann betreibst du es am besten alleine. Falls nicht, sind Namenssignaturen unter den einzelnen Blogeinträgen eine Lösung. Sie zeigen genau an, von wem welcher Beitrag stammt, und der Leser muss sich diese Frage erst gar nicht stellen.

Finde einen guten Namen: Der Name ist sozusagen das Aushängeschild bei einem Blog und sollte daher individuell, einprägsam und irgendwie passend zum Thema sein. Versuche dabei auf solche Namenszusätze wie Lifestyle, Photography, Fashion usw. zu verzichten, sodass du die inhaltliche Ausrichtung deines Blogs später auch mal ändern kannst. Investiere also ruhig etwas Zeit und Gehirnschmalz in die Namensfindung – es lohnt sich!

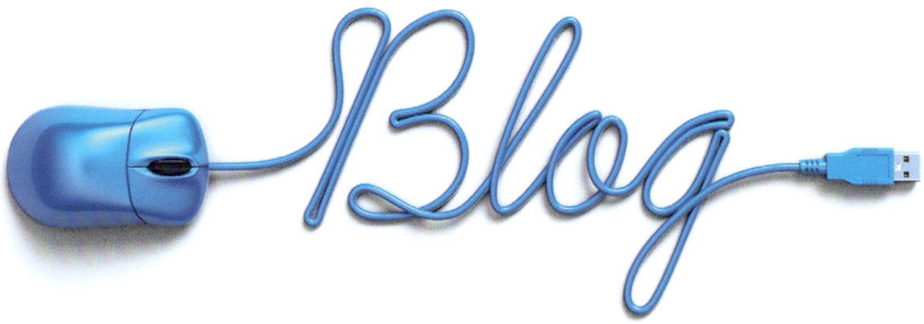

Bloggen – jetzt geht's los

Formales: Eine einheitliche Formatierung ist sehr wichtig. Das bedeutet, Texte und Bilder sollten möglichst immer gleich ausgerichtet sein, ihre Anordnung also nicht von Post zu Post von links nach rechts wechseln. Das wirkt unruhig und macht keinen guten Gesamteindruck.

Inhalte: Überleg dir beim Verfassen der Texte, was deine Leser von dir erwarten und was du selbst gerne lesen möchtest. Achte dabei auch immer auf eine korrekte Rechtschreibung, Grammatik und Formulierung. Nichts schreckt Leser so sehr ab wie ein Text voller Fehler, durch die der Lesefluss gestört wird. Lass den Text also lieber noch einmal ein bis zwei Tage liegen, lies ihn danach ein weiteres Mal und veröffentliche ihn dann erst.

Ein guter Inhalt ist das Herzstück eines Blogs. Gib daher deine persönliche Meinung wieder und schreib über das, was dich bewegt und interessiert, so bleibst du authentisch – und so bewahrst du dir auch deine Leser!

Ist das Verfassen von Texten nicht dein Ding, konzentriere dich eher auf schöne, anspruchsvolle Fotos – oft sagt ein Bild mehr als tausend Worte.

Wenn du aber gerne schreibst, achte darauf, dass die Texte nicht belanglos sind. Es interessiert sicher nur die wenigsten, was du vorgestern zu Mittag gegessen hast. Schreib also immer nur das, was du auch in einigen Monaten oder Jahren noch genau so unterschreiben kannst. Und denk beim Schreiben immer daran, dass alle da draußen jederzeit deine Beiträge lesen können.

Persönliches: Sei ehrlich, liest du nicht auch viel lieber Blogs, die etwas Persönliches preisgeben, auf denen die Bloggerin/der Blogger sich vorstellt (am besten mit Foto) und vielleicht auch noch erzählt, was sie oder ihn bewegt, welche Vorlieben sie oder er hat? Das schafft Vertrauen, der Blogger wird dadurch nahbarer und der Leser entwickelt unter Umständen eine Bindung, identifiziert sich vielleicht sogar mit ihm. Auf diese Weise kann die Leserbindung definitiv erhöht werden. Sei dir aber im Klaren darüber, wie weit du deine Privatsphäre öffentlich machen möchtest und was du besser für dich behältst. Überleg dir also lieber dreimal, ob du ein Foto von dir, das dich beim Feiern zeigt, postest, denn wirklich jeder kann sich dieses Foto anschauen, auch dein Arbeitgeber.

Schau regelmäßig über deinen eigenen Tellerrand hinaus: Wenn es dein langfristiges Ziel ist, in der Bloggerwelt Fuß zu fassen und einen gewissen Erfolg mit deinem Blog zu haben, dann schau dich regelmäßig auf anderen Blogs um und hinterlass ernst gemeinte Kommentare zu einzelnen Posts. So machst du auf dich aufmerksam, die Blogger verfolgen deinen Kommentar zurück und auf diese Weise generierst du vielleicht Stück für Stück neue Leser. Und schon sind wir beim Thema Bekanntheit steigern und regelmäßige Leser gewinnen.

Bekanntheit steigern: Eine tolle Möglichkeit dazu bieten Blogvorstellungen. Wenn Blogs, denen du folgst, so etwas anbieten, dann zögere nicht daran teilzunehmen. Auch umgekehrt kann so etwas funktionieren. Dazu kontaktierst du am besten einen Blog, der ähnlich viele Leser hat wie du, und fragst, ob derjenige an einer Blogvorstellung auf deinem Blog interessiert ist.

Regelmäßige Beiträge: Wer das Bloggen ernst meint, postet regelmäßig neue Beiträge. Das heißt jetzt nicht, dass du jeden Tag etwas veröffentlichen sollst, aber ein Eintrag pro Monat ist sicherlich zu wenig. Lass dich aber auch nicht von irgendeiner empfohlenen Anzahl stressen, das verdirbt dir nur den Spaß am Bloggen.

Followermöglichkeit einrichten: Damit deine neuen Leser es einfacher haben, regelmäßig deinen Beiträgen zu folgen, richtest du auf deinem Blog am besten direkt eine Followermöglichkeit über Buttons zu Twitter, Facebook oder Bloglovin ein. Wie das geht, erfährst du auf dem Blog „Copy Paste Love“ von Mira unter dem Eintrag „Fixierte Followerbuttons“.

Social Media: Social-Media-Netzwerke gehören heutzutage zum Internet wie die Butter aufs Brot. In Deutschland sind zum Beispiel täglich 16 Millionen Nutzer auf Facebook aktiv (Quelle: Notiz von Tina Kulow, Pressesprecherin Facebook Deutschland, zu den Nutzerzahlen für Deutschland).
Wenn du die Bekanntheit deines Blogs also erweitern möchtest, solltest du dir eine Fanpage auf Facebook oder einen Twitter-Account zulegen. Falls dir das Videodrehen vertraut ist, kannst du deine Tutorials (Arbeitsanleitungen für das Nacharbeiten deiner Kreativprojekte) auch auf einem eigenen YouTube-Kanal einstellen und dort wiederum auf dein Blog verlinken.

Besondere Aktionen: Eine gute Möglichkeit, jeden Tag etwas Neues zu bieten und Leser an sich zu binden, bieten Gewinnspiele oder auch Adventskalender in der Weihnachtszeit. Dort kannst du Leseexemplare von Verlagen oder andere Werbegeschenke zur Verlosung anbieten. Mitmachen kann jeder, der einen Kommentar zu deinem Post hinterlässt.
Blogbesucher lieben darüber hinaus auch die vielen Freebies (Vorlagen zum kostenlosen Download), die viele Blogger auf ihren Blogs zur Verfügung stellen. Das können selbst erstellte Grafikdesigns oder Schnittmuster sein, die für das Nacharbeiten bestimmter Kreativprojekte angeboten werden.

Sophie und Jule
Bloggerinnen vom Blog
*vida*nullvier (vidanullvier.de)*

Worüber geht euer Blog?

vida*nullvier ist ein Lifestyle-Blog mit vielen Inspirationen zum Selbermachen, Outfit- und Rezeptideen sowie allerlei anderen Dingen, von denen wir annehmen, dass sie unsere Leser noch nicht kennen. Ursprünglich in Leipzig gestartet, wahren wir so auch hier und da den Ortsbezug und geben unsere Empfehlungen für Läden, Restaurants usw.

Drei Stichworte, die euren Blog beschreiben: Vielfältig, inspirierend, authentisch

Warum habt ihr gerade dieses Blog?

Wir haben das Blog ins Leben gerufen, als wir neu in Leipzig waren, unsere Wohnung einrichteten und gerade dabei waren, die Stadt zu erkunden. Zu diesem Zeitpunkt hielt unser gemeinsames Leben einfach so viele Neuheiten bereit, die wir teilen wollten. Außerdem schien uns Leipzig in der Blogosphäre bis dato deutlich unterrepräsentiert und das nicht zu Recht.

Wie seid ihr auf den Namen gekommen?

„Vida" kommt von viva la vida, da wir ja unseren Start in Leipzig genießen und auskosten wollten. Und jede Postleitzahl in Leipzig beginnt mit 04, woraus sich „nullvier" als Verbundenheit zur Heimatstadt unseres Blogs ergab.

Habt ihr euch das Blog selbst eingerichtet?

Wir haben unser Blog bei blogger.com selbst eingerichtet und ein befreundeter Fotograf hat unser Header-Bild geschossen. Dank Google & Co. lassen sich ja auch simplere HTML-Tricks leicht herausfinden.

Habt ihr das Design selbst entworfen?

Grundsätzlich haben wir beide einen ziemlich hohen ästhetischen Anspruch, geraten dabei aber ständig an unsere Grenzen, wenn es um Gestaltungs- und vor allem Programmierfähigkeiten geht. Hinzu kommt, dass blogger.com ein ziemlich statisches Blog-System ist, ein Umzug zu Wordpress wiederum sehr viel Aufwand mit sich bringt, wenn man alle bisherigen Inhalte sichern möchte. Theoretisch ist uns das Corporate Design deshalb sehr wichtig, praktisch basteln wir immer wieder daran und verbessern das Erscheinungsbild eher sukzessive dank zahlreicher Foren und „Helfer-Blogs" wie „Copy Paste Love", wo man für ziemlich jedes Blogspot-Problem eine tolle Anleitung findet.

Wie rückt ihr eure Kreationen fotografisch ins rechte Licht?

Auch die Fotografie ist etwas, wo wir schnell an unsere Grenzen stoßen. Gute Fotos sind wahnsinnig wichtig für die Qualität eines Blogs. Da wir nicht hauptberuflich bloggen, sondern eher abends nach Studium und Arbeit die Zeit dafür finden, leiden die Bilder schnell unter fehlendem Tageslicht. Gutes Licht, ein einfacher, unaufgeregter Hintergrund und eine etwas bessere Kamera, mit der man etwas Tiefenunschärfe erreichen kann, wirken aber Wunder. Alternativ haben wir auch schon mal zu einem Baustrahler gegriffen. Die spenden auch sehr viel Licht, sind aber nicht annähernd so teuer wie Studioleuchten. Für DIYs sind Selbstauslöser und ein Stativ unerlässlich, um die einzelnen Schritte des Bastelvorgangs auch nachvollziehbar zeigen zu können. Im Idealfall sind wir natürlich zu zweit und können auf solch einen Aufbau verzichten.

Was macht ein gutes Kreativ-Blog aus?

Wir glauben nicht, dass es eine Formel für den Erfolg eines Kreativ-Blogs gibt – zumindest haben wir sie noch nicht gefunden. Dafür sind die Geschmäcker einfach zu verschieden.

Die einen mögen gestochen scharfe und toll in Szene gesetzte Fotos des Endprodukts und geben sich dafür mit einem Kurztext als Anleitung zufrieden, wieder andere schätzen Step-by-Step-Anleitungen. Wir gehören eher zu Letzteren, denn jedem unserer DIY-Posts liegt die Motivation zugrunde, den Lesern zu zeigen, wie einfach Selbermachen sein kann. Außerdem geben wir mit unseren sogenannten „Pinspirations" auch immer wieder Anregungen auf einem entsprechenden Pinterest-Board, wie man das jeweils vorgestellte DIY in unterschiedlichen Varianten ausführen oder einsetzen kann. Nicht zuletzt ist ein Kreativ-Blog nur dann gut, wenn es die Quelle seiner Inspiration angibt, denn alles andere wäre nicht transparent und damit nicht fair.

Wie bindet ihr eure Leser in euer Blog mit ein?

Eine lebendige Kommentarkultur ist das Ziel des Bloggens, aber auch am schwersten zu erreichen. Natürlich bloggt man nicht nur, weil man sich mitteilen will, sondern auch, um sich auszutauschen. Ein Großteil der Leser ist aber still und heimlich unterwegs und hinterlässt nur selten einen Kommentar, die meisten sogar nie. Für mehr Interaktion stellen wir am Ende eines Posts häufig Fragen, haben auch schon mal eine Umfrage in die Sidebar eingebunden, mit anderen Bloggern Shootings gemacht, und wenn wir ein Sponsoring-Angebot bekommen, machen wir in der Regel ein Gewinnspiel daraus. Am schönsten ist es, wenn unsere Leser uns inspirieren, indem sie uns Links schicken oder Tipps geben, wie man das ein oder andere Stück besser basteln, backen oder kombinieren kann.

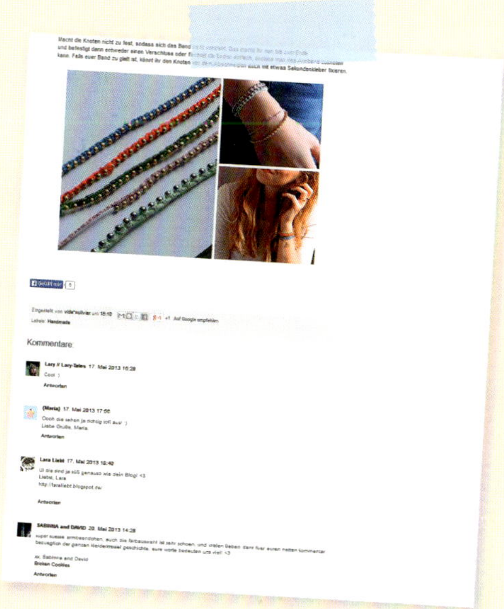

Euer Blog-Motto:
Wir versuchen uns selbst nicht so ernst zu nehmen und authentisch mit unseren Lesern zu kommunizieren. Wenn mal ein DIY in die Hose geht, die Outfitbilder mal eher unscharf statt hoch professionell sind, dann zeigen wir das auch und teilen unsere Erfahrung.

Worauf sollte man beim Schreiben von Posts achten?

Wir verfolgen eigentlich nur zwei unausgesprochene Leitsätze: 1. kommuniziere auf Augenhöhe und 2. biete einen Mehrwert. Auf Augenhöhe zu kommunizieren heißt unter anderem, der eigenen Tonalität treu zu bleiben und total subjektive Erfahrungen zu teilen statt objektiv zu berichten. Superprofessionelle Fotos in teurer Markenkleidung und Modelposen (und -größen) können wir uns nicht leisten. Das ist aber auch gar nicht schlimm, sondern einfach nur ehrlich. Hier spielt auch Punkt zwei mit rein. Deshalb haben wir uns bewusst dazu entschieden, bisher nur zwei bis drei Posts pro Woche zu veröffentlichen und dafür einfache Erlebnis- sowie Eventberichte, Online-Shop-Wunschlisten oder Kampagnenankündigungen außen vor zu lassen, in denen wir zumindest keinen großen Mehrwert sehen. Kurzum: Wir halten nichts von Posts in superdurchschnittlichen Alltagsoutfits und genauso wenig von spektakulären Outfits inklusive Mörder-High-Heels, die nur für ein Shooting angezogen werden, in denen man sich im Alltag aber eigentlich nie in die Uni und Co. wagen würde. Aber auch das ist wohl wieder eine Frage des Geschmacks.

Verdient ihr mit dem Blog Geld?

Erst in den letzten Monaten haben wir angefangen, Werbeflächen in unserer Sidebar zu platzieren. Was dabei rausspringt, ist kaum nennenswert, kann aber schon mal die Kosten für ein kleines Bastelprojekt einspielen. Daneben wird einem ziemlich schnell das Setzen von Affiliate-Links (siehe Glossar Seite 92/93) angeboten. Hier lässt sich durchaus Geld verdienen, gleichzeitig bewegt man sich an dieser Stelle sehr nah am Rande der versteckten Werbung. Solche Anfragen nehmen wir nur an, wenn wir hinter den verlinkten Produkten stehen und dazu auch wirklich was zu sagen haben, was aber eher die Ausnahme ist. Geld verdienen wir mit Werbung also weniger, eher bekommen wir hin und wieder mal ein kostenloses Produkt zugeschickt.

Wie heißen eure drei liebsten Blogs und was gefällt euch besonders an ihnen?

Sophies Liebe für Blogs hat lange vor dem Selberbloggen angefangen und wurde durch den Modeblog „tea & twigs" ausgelöst. Die Mädels haben definitiv ihren eigenen Stil und sie warten immer wieder mit kreativen Ideen und Umsetzungen auf. Für unsere Bastelleidenschaft lassen wir uns vor allem von amerikanischen Blogs wie „honestly wtf" inspirieren. Aber auch kleinere Blogs, deren Verfasser mit viel Herzblut aufwarten, haben unser Herz erobert. Dazu zählt vor allem auch „LE Catwalk", ein Leipziger Blog, dem wir uns natürlich auch wegen des Schauplatzes verbunden fühlen.

Carmen
Bloggerin vom Blog
Ein Schweizer Garten
(schweizergarten.blogspot.com)

Was machst du beruflich?

Ich arbeite von zu Hause aus als freischaffende Architektin.

Wie und wo lebst du?

In der Ostschweiz in einem 100-Seelendorf, ca. 20 km von Konstanz entfernt.

Warum hast du ein Blog?

Das Blog diente mir am Anfang als virtuelles Bildertagebuch, um den Werdegang unseres Gartens zu dokumentieren. Mit zunehmender Leserschaft wurde es aber viel mehr als das – ein wunderbarer Austausch unter Gleichgesinnten, wo man Leute trifft, denen man im wahren Leben wohl nie begegnet wäre. Schöne Blogs sind für mich eine unerschöpfliche Quelle der Inspiration und dementsprechend lese ich auch viele. Mein eigener Beweggrund ist mehr eine Botschaft: Ich möchte die Leser animieren, endlich wieder richtige Gärten anzulegen statt der obligatorischen Hecke mit Rasen. Unsere Landschaft wird täglich mehr zugebaut. Es ist wichtig, dass wir vermehrt ökologische Nischen für Wildpflanzen, Insekten und Tiere schaffen.

Worüber geht dein Blog?

Von null auf Garten in zwei Jahren ist das Grundthema. Nach dem Hausbau hatten wir kein Geld mehr, um den Garten anlegen zu lassen. So haben wir alle Arbeiten selbst ausgeführt, Stück für Stück. Innerhalb von zwei Jahren war die Grundsubstanz errichtet, die Beete bepflanzt, alle Bäume gesetzt. Diesen Werdegang habe ich mit vielen Vorher-nachher-Bildern dokumentiert. Im Winter liegt der Garten unter einer dicken Schneedecke und da greife ich wieder vermehrt Themen im Haus auf – sei es nun Inneneinrichtung, Deko, Bastelarbeiten oder meine Häkeldecken, die ich abends als Ausgleich zu meiner kopflastigen Arbeit häkle.

Drei Stichworte, die dein Blog beschreiben:
Garten – DIY – Häkeln

An wen richtet sich dein Blog?

Mein Blog richtet sich in erster Linie an begeisterte Gärtner, an Häuslebauer und Neugärtner, die zum ersten Mal einen Gar-

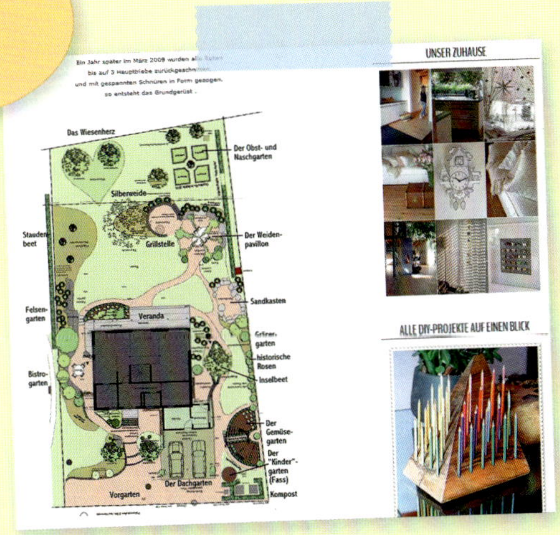

ten anlegen und keine Vorstellung haben, was sie aus ihrem Stück Land machen könnten. Der Erfolg meines Blogs stieg im Verlauf der Jahre von alleine.
Mit zunehmender Erfahrung habe ich ein gutes Auge für schöne Blickwinkel und Ausschnitte entwickelt. Seit ich mit der Spiegelreflexkamera fotografiere, hat sich auch die Bildqualität stark gesteigert. Außerdem gebe ich mich genauso, wie ich im wirklichen Leben bin – natürlich, lebensfroh und kreativ. Da ist nichts gespielt oder aufgebauscht, das bin einfach ich. Dieses Jahr habe ich erstmals den Garten für Interessierte geöffnet und viele Leser haben mich besucht, das war ein fantastisches Erlebnis!

Wie bist du auf den Namen gekommen?

Kurz und prägnant sollte er sein, ein Name, den sich alle merken können. Mein Blog erzählt aus meinem Gartenalltag, eben live aus „einem Schweizer Garten".

Dein Lebensmotto:
Das Glück beginnt, wo man die Zeit vergisst.

Hast du dir das Blog selbst eingerichtet?

Ich habe mein Blog von Anfang an selber eingerichtet und gestaltet. Das erste Layout vor fünf Jahren war noch wesentlich bunter und unübersichtlicher – mit der Zeit habe ich viele Anpassungen und Features eingebaut – der Blog „Copy Paste Love" hat mir da stark weitergeholfen. Auf der Website sind wirklich gute Tipps für Blogger zu finden und viele Tutorials, wie auch Anfänger ihr Blog pimpen können. Inzwischen habe ich jemanden gefunden, der mir bei der besseren Übersicht in den Rubriken weiterhilft, weil ich da einfach an meine Grenzen stoße.

Wie bindest du deine Leser in dein Blog mit ein?

Da ich nebst Familie, Haus und Garten beruflich stark ausgelastet bin, fehlt mir schlichtweg die Zeit aktiver zu sein. Gewinnspiele und Leseraufrufe – das passt nicht zu mir. Ich bin nicht darauf aus, möglichst viele Neuleser zu gewinnen, das Bloggen mache ich aus Spaß an der Sache – deshalb gibt's auf meinem Blog auch keine Werbung, Give-aways und Sponsoren. Ich schreibe nur über ein Produkt, wenn es eine Herzenssache ist und ich es wirklich weiterempfehlen kann. Von Blogs, die ihre Leser mit Werbung und gesponserten Beiträgen überfluten, verabschiede ich mich irgendwann still und leise.

Worauf sollte man beim Schreiben von Posts achten?

Ich schreibe einfach frei von der Leber weg – mein Blog ist eher bildlastig. Ich benenne nach Möglichkeit alle Dinge, die auf den Bildern ersichtlich sind, ebenso meine Bezugs- oder Inspirationsquellen.

Wie baut man eine eigene Blog-Community auf?

Nach dem Start empfehle ich zuerst einmal mindestens zehn bis zwanzig Beiträge zu schreiben, bevor der Blog bekannt gemacht wird. Regelmäßiges Kommentieren in denselben Interessensgruppen ist ebenfalls hilfreich, dabei sollte man sich aber nicht zu aufdringlich verhalten. Das Mitmachen bei verschiedenen Aktionen, wo man verlinkt wird, ist ebenfalls hilfreich.

Wie viel Zeit nimmt das Bloggen bei dir wöchentlich in Anspruch?

Ich veröffentliche durchschnittlich ein bis zwei Posts pro Woche, dazu investiere ich bis zu drei Stunden pro Post, besonders wenn ich viel Text dazu schreibe.

Welchen Rat kannst du den Leuten geben, die sich ein eigenes Blog einrichten möchten?

Sei authentisch, sei du selbst!
Der Blogname erfordert am Anfang die größte Aufmerksamkeit, man muss sich lange mit dem gewählten Namen identifizieren können. Überlange oder unaussprechliche Blognamen sind eher nachteilig.
Vor Bekanntmachen des Blogs sollten wenigstens ein paar Beiträge online sein – ein Besucher, der nur einen oder zwei Posts vorfindet, verliert gleich wieder das Interesse.
Neublogger sollten keine aufdringlichen Kommentare mit der Aufforderung zum Gegenbesuch hinterlassen, nur um neue Leser zu gewinnen, das stößt eher ab.
Wer den Blog sofort mit Werbung und gesponserten Posts füllt, vermittelt das Gefühl, dieser sei einzig und allein zum Gelderdienen eröffnet worden. Für mich ist das ein Grund, das Weite zu suchen.

Wie heißen deine liebsten Blogs und was gefällt dir besonders an ihnen?

Noras „Seelensachen“-Blog ist für mich einer der schönsten! Ihr Haus strahlt so viel Wärme aus, dieses zeigt sie uns in regelmäßigen Abständen, immer wunder voll bebildert (seelensachen.blogspot.de/)! Die „Raumfee“ Katja ist Innenarchitektin und alleinerziehende Mutter. Ihre Art und Weise, wie sie das Leben sieht, beeindruckt mich immer wieder und ihre Upcycling-Ideen sind einfach toll (dieraumfee.blogspot.ch/).

Step 3

Jetzt wird's kreativ

Das Blogdesign

Eins vorweg: Als Blog-Anfänger reicht es völlig aus, zunächst auf Standarddesigns zu setzen. Auch die kannst du ohne große Programmierkenntnisse personalisieren. Am besten also nicht „Dynamische Ansichten" bei Blogger wählen, damit wärst du wohl etwas überfordert. Im Folgenden werden dir ein paar grundlegende und nützliche Tipps zum Thema Blogdesign gegeben.

Worauf ist zu achten

Übersichtlichkeit: Dein erstes Blog sollte in erster Linie übersichtlich und nicht zu voll sein. Aber bedenke: Zu viel Weißfläche lässt dein Blog kahl und sogar kalt wirken. Besonders wenn du überwiegend Texte und wenig Fotos postest. Zu viel Farbe tut aber auch nicht gut und der Blick des Betrachters findet keinen Ankerpunkt. Hier gilt es also eine gute Balance zwischen Weißflächen, Farben und Text-Bild-Anteilen zu finden.

Schriftart: Achte bei der Auswahl der Schriftart auf eine gute Lesbarkeit. Verschnörkelte Schriften oder Schriften, die ausschließlich in Versalien geschrieben sind, strengen an und verursachen ein negatives Leseerlebnis. Verwende auch nicht zu viele verschiedene Schriften auf deinem Blog – auch das wirkt unruhig und vermittelt keinen schönen Gesamteindruck.

Header: Der Header ist das Erste, was die Besucher deines Blogs sehen. Er ist sozusagen dein Willkommensschild. Deshalb ist es wichtig, dass er ansprechend gestaltet ist. Was der Header enthalten sollte? Natürlich den Namen deines Blogs und eventuell auch das Logo (falls du eines hast). Hin und wieder findet man auch Blogs, deren Menüpunkte in den Header integriert sind.

Hinweis

Falls du dir auf deinem Weg zum ersten Blogdesign unsicher bist, ist die Suche nach Inspiration eine mögliche Lösung. Schau dich daher im Vorfeld auf verschiedenen Blogs um und lass dich von deinen Lieblingsblogs für dein eigenes Blogdesign inspirieren. Vielleicht gehören die hier im Buch vorgestellten Blogs ja auch dazu.

Dein erster Header (bzw. dein erstes Banner) muss keine grafische Meisterleistung sein, es sei denn, du kennst dich mit Bildbearbeitungsprogrammen wie Photoshop® aus. Falls nicht, wähle zum Beispiel ein Foto in der Breite deines Blogs aus, setze eine Schrift ein, die zum restlichen Blogdesign passt, und gut ist.

Logo: Verwechsle ein Logo nicht mit einem Header/Banner. Das Logo besteht meistens aus einem (oder mehreren) Wörtern oder Bildern in einer bestimmten Anordnung und in einer bestimmten Schriftart. Das Logo ist quasi das Markenzeichen deines Blogs und sollte möglichst nicht verändert werden, da es dein Wiedererkennungsmerkmal ist. Deinen Header kannst du hingegen zum Beispiel je nach Jahreszeit anpassen.

Größe: Schau dir dein Blog auch mal an einem anderen Computerbildschirm an. Je nach Bildschirmgröße, Auflösung und Browser kann es nämlich anders aussehen. Wenn dir dabei auffällt, dass dein Blog zu schmal ist oder die Farben nicht gut wirken, änderst du diese Punkte am besten noch einmal ab.

Kostenlose Downloads von Brushes, Schriften, Hintergründen, Rahmen, Tapes etc. findest du hier:

brusheezy.com	dafont.com
fuzzimo.com	1001fonts.com
twistandsnag.com	design-seeds.com
blog.puglypixel.com	thedesigninspiration.com

Kein Kreativ-Blog ohne Fotos

Auf den folgenden Seiten machen wir einen kleinen Ausflug in die Welt der Produktfotografie. Doch zunächst eines vorweg: Gute Fotos bzw. Anleitungsfotos sind das A und O eines guten Blogs. Du musst dafür weder ein Profifotograf sein noch eine professionelle Fotoausrüstung besitzen, sondern eigentlich nur Folgendes beachten:

Die wichtigsten Basics für gute Fotos

- Wichtig ist, dass deine Fotos die Produkte wirklich scharf abbilden und eine hohe Auflösung haben. Denn so hast du im Nachhinein noch die Möglichkeit, einen anderen Bildausschnitt zu wählen.
- Du solltest beim Fotografieren auf gute Lichtverhältnisse achten, die nicht zu viele Schatten erzeugen. Am besten fotografierst du bei Tageslicht und ohne Blitz, weil das farbgetreue Fotografieren mit Blitz echte Übungssache ist! Wenn die automatische Farbeinstellung deiner Kamera zu einem verfälschten Farbstich führt, hilft ein manueller Weißabgleich deiner Kamera.
- Zeige das Produkt aus unterschiedlichen Perspektiven und – sofern dieses erklärungsbedürftig ist – eventuell auch während des Herstellungsprozesses.
- Mit Bildbearbeitungsprogrammen wie zum Beispiel Photoshop® kannst du deinen Bildern hinsichtlich Kontrast, Farbsättigung oder Helligkeit den letzten Schliff geben.
- Mögliche Dateiformate sind JPF, GIF oder PNG.

Wer allerdings tiefer in der Welt der Produktfotografie einsteigen will, wird auf den nächsten Seiten fündig. Themen wie das richtige Licht, die optimale Blendenöffnung, die Verschlusszeiten, der Fokus, die Komposition und vieles andere mehr spielen für gute Produktfotos ebenfalls eine wichtige Rolle und sollten zumindest in Ansätzen bekannt sein.

Das richtige Licht

Licht spielt wohl die wichtigste Rolle beim Fotografieren. Entweder steht dir natürliches oder künstliches bzw. weiches oder hartes Licht zur Verfügung. Weiches Licht leuchtet das Objekt besser aus, es schafft dadurch sanfte und kleine Schatten. Wohingegen hartes Licht sehr konzentriert auf das Objekt leuchtet und somit dunklere Schatten wirft.

Für Produktfotos ist weiches Licht ideal, da das Produkt dadurch am besten zur Geltung kommt. Noch besser ist weiches, natürliches Licht – künstliches Licht wirkt schlicht und ergreifend künstlich und meist nicht schön.
Neben der richtigen Wahl der Lichtquelle, spielt auch deren Position eine wichtige Rolle.

Gegenlicht: Gegenlicht ist eine beliebte Technik, um ein Objekt vom Hintergrund zu trennen. Oft entsteht dabei ein leuchtender Rand um die Rückseite des Objekts bzw. an den Ecken. Dabei wirft das Objekt seinen Schatten in den Vordergrund.

Seitliches Licht: Seitlicher Lichteinfall ist eine großartige Möglichkeit, um einen tollen Lichteffekt von einer Seite des Objekts zur anderen Seite zu erzeugen. Die Seite, die sich weiter weg von der Lichtquelle befindet, erscheint dunkler und sie wirft auch den Objektschatten. Wenn du der ersten Lichtquelle eine zweite gegenüberstellst, erzeugst du einen ausbalancierteren Effekt.

Frontales Licht: Diese Ausleuchtungsart ermöglicht es, einen dunkleren Hintergrund zu erzeugen. Diesen Effekt kennt man auch vom Fotografieren mit Blitzlicht, bei dem es sich ja auch um ein frontales Licht handelt. Ein weißer Hintergrund erscheint dadurch leicht grau und das Objekt wirft seinen Schatten nach hinten.

Lichteinfall durch Fenster: Durch Fenster einfallendes Licht, ist das beste Licht für Produktfotografie im Innenbereich. Das Fenster fungiert dabei als riesige, natürliche Lichtquelle, wobei die Qualität des Lichts auch von der Position und Intensität der Sonne abhängt. Direktes Sonnenlicht, das durch das Fenster scheint, ist ebenfalls hartes Licht. Daher ist es am besten, wenn die Sonne nicht gerade durch das Fenster scheint. Lichteinfall durch Fenster kann bei allen oben genannten Techniken genutzt werden bzw. mit ihnen kombiniert werden.

Lichtzelt selber bauen

Ein Lichtzelt ist quasi ein Fotostudio in Miniaturgröße. Das Licht scheint dabei von oben sowie von beiden Seiten in das Zelt und wird an den weißen Wänden auf das Objekt reflektiert. Das Licht wird auf diese Weise weiter gestreut und der Schattenwurf des Objekts wird dadurch weicher.

1. Nimm eine 50 cm x 30 cm x 20 cm große Pappschachtel und lege sie mit der langen, geöffneten Seite vor dich hin. Entferne die Verschlussklappen oben und unten und schneide aus den Seitenwänden sowie aus der oben liegenden Wand Flächen aus. Lass dabei einen Rand von ca. 1 cm zu den Kanten stehen.
2. Nun bringst du von innen Transparentpapier an den Ausschnitten an.
3. Schneide dir nun eine Fläche von 50 cm x 100 cm aus weißem Fotokarton zu und befestige ihn von innen an der jetzigen Rückwand sowie am Boden der Schachtel. Der Rest schaut aus der Schachtel heraus.
4. Nun stellst du das Objekt, das du fotografieren möchtest, in die Schachtel und positionierst eine Lichtquelle seitlich neben der Schachtel. Du kannst die Schachtel aber auch neben ein Fenster stellen.

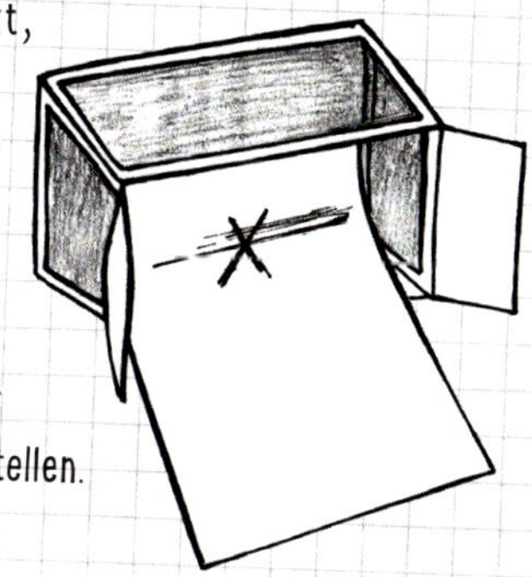

Es ist nicht gerade einfach, die optimale Lichtqualität zu treffen, daher hier noch ein paar Tipps:

→ Wenn möglich, im Freien fotografieren. Selbst an einem trüben und wolkigen Tag gibt es noch genügend Licht zum Fotografieren. Im Gegenteil, Wolken streuen das Licht besser.

→ Am besten in der Nähe eines großen Fensters fotografieren.

→ Wer kein großes Fenster hat, kann sich auch eines selbst bauen. Wie das geht, erfährst du in dem Tipp oben rechts.

→ Wenn deine Lichtquelle zu stark ist, kannst du versuchen, das Licht durch ein großes weißes Stück Papier, Leinen- oder Handtuch zu zerstreuen. Bring diesen Gegenstand am besten direkt am Fenster oder an einer Wäscheleine an.

Die Blendeneinstellung

Die Blende wirkt sich unmittelbar auf die Stärke der Belichtung des Bildsensors aus: Je größer die Blendenzahl ist, desto kleiner ist die Blendenöffnung und desto weniger Licht dringt durch das Objektiv. Das Objektiv lässt bei der Blendenzahl-Einstellung 2 halb so viel Licht durch wie bei 2,8. So wird in Verbindung mit der Belichtungszeit die Belichtung des Aufnahmesensors geregelt. Allgemein gilt:

- Je größer die Blendenzahl ist, desto länger ist die Belichtungszeit (denn desto kleiner ist die Blendenöffnung, es trifft also weniger Licht auf den Sensor).
- Je kleiner die Blendenzahl ist, desto kürzer ist die Belichtungszeit (denn desto größer ist die Blendenöffnung, es trifft also mehr Licht auf den Sensor).

Andererseits beeinflusst die Blende auch die Schärfentiefe: Mit kleinerer Blendenzahl und damit größerer Blendenöffnung wird nicht nur die wirksame Lichtmenge vergrößert, auch die Unschärfekreise werden durch den weiten Lichtkegel größer. Folglich verkleinert sich der Bereich des Motivs, der noch als scharf aufgenommen wird. Der Bereich der scharfen Abbildung (Schärfentiefe) nimmt beim Öffnen der Blende also ab. Daraus folgt:

- Je größer die Blendenzahl ist, desto weiter ist die Schärfentiefe (denn desto kleiner ist die Blendenöffnung).
- Je kleiner die Blendenzahl ist, desto enger ist die Schärfentiefe (denn desto größer ist die Blendenöffnung).

Mithilfe der Schärfentiefe kannst du nun also den Blick auf dein Produkt lenken und den Hintergrund verschwimmen lassen. Dein Foto wird dadurch noch weicher.

Der Verschluss

Als Verschluss bezeichnet man ein bewegliches Element in der Kamera, das je nach voreingestellter Verschlusszeit Licht in die Kamera einfallen lässt. Nach erfolgter Belichtung schließt sich der Verschluss und schützt bis zur nächsten Aufnahme den digitalen Bildsensor vor ungewolltem Lichteinfall.

Die Verschlusszeit steht eng in Zusammenhang mit der Blendeneinstellung – beide regulieren den Lichteinfall in die Kamera. Man kann sagen, je größer die Blendenöffnung ist, desto schneller muss der Verschluss öffnen und schließen.

Die richtige Verschlusszeit ist zum Beispiel sehr wichtig beim Fotografieren von bewegten Objekten. Hier ist die Einstellung einer schnellen Verschlusszeit nötig.

Der Fokus

Als Fokus wird die Technik einer Kamera bezeichnet, die das Motiv scharf stellt. Die wesentlichen Faktoren, die das Fokussieren eines Motivs beeinflussen, sind Licht und Bewegungen. Bei einer zu dunklen oder zu hellen Umgebung hat die Kamera Probleme damit, das Motiv scharf zu stellen. Ebenso verhält es sich, wenn die Kamera oder Gegenstände in Bewegung sind, während du ein Foto schießen möchtest.

Wenn das Foto aufgrund eines fehlenden Fokus nichts geworden ist:

- Überprüfe die Distanz zwischen der Linse und dem Objekt, das du fotografieren möchtest. Eventuell ist die Entfernung zu kurz.
- Positioniere deine Kamera auf einem festen und geraden Untergrund oder verwende ein Stativ, um sicherzugehen, dass keine Bewegung die Kamera erschüttert.
- Kontrolliere den Akku-Stand der Kamera – ein niedriger Ladezustand kann sich grundsätzlich auf die Leistung der Kamera auswirken.

Das perfekte Fotostyling

Sicherlich schwebt dir eine ungefähre Vorstellung davon, wie die Objekte auf deinen Fotos arrangiert werden sollen, vor Augen. Falls nicht, kannst du dich wie zuvor unter „Das Blogdesign" auf Seite 43 bereits empfohlen anhand der zahlreichen Anregungen im World Wide Web inspirieren lassen. Besuche zum Beispiel Verkaufsplattformen wie DaWanda (dawanda.de) und Etsy (etsy.com) oder schaue dich bei Pinterest (pinterest.com), Tumblr (tumblr.com) oder Flickr (flickr.com) nach Arrangements um, die dir gefallen. Auf deinen Lieblingsblogs wirst du sicherlich auch fündig. Probiere nun damit herum, sei kreativ und entwickle anschließend deinen eigenen Stil. Aber, ein kleiner Tipp: Verzettele dich nicht – weniger ist oft mehr.

Die Komposition

Bei der Komposition eines Bildes fließen mehrere Elemente zusammen – das Produkt, das Licht, der Hinter- oder Untergrund und die Requisiten. Alles zusammen bindet das zu fotografierende Objekt in eine spannende Szenerie ein und weckt somit das Interesse des Betrachters.

Orientierung

Bevor du dir eine bestimmte Komposition für ein Bild überlegst, solltest du dir darüber klar werden, ob du das Bild vertikal (üblich bei Porträtaufnahmen) oder horizontal (üblich bei Landschaftsaufnahmen) ausrichten möchtest.

Ausflug in die Produktfotografie

Ein eigener Stil, der konsequent eingehalten und umgesetzt wird, ist im Bereich der Produktfotografie nicht zu unterschätzen. Unter Umständen ist es sinnvoll, wenn du immer ähnliche Untergründe oder eine bestimmte Art der Ausleuchtung verwendest. Vor allem wenn du neben deinem Blog auch einen Shop bei DaWanda oder Etsy betreibst und deine Kreationen darüber vertreibst. Eine einheitliche Bildsprache lässt alle Fotografien nebeneinander gleichwertig gut erscheinen und wirkt so auch harmonisch auf den Betrachter. Das heißt keineswegs, dass du deine Fotosprache nie ändern sollst, natürlich machst du im Laufe der Zeit auch eine Entwicklung durch. Allerdings sollten Produktfotos, die meist alle auf einen Blick zu sehen sind, auch einigermaßen einheitlich sein. Passe im Fall einer geänderten Fotosprache alte Produktaufnahmen dahingehend an, sofern zeitlich möglich.

Einrahmung

Wenn du durch den Sucher oder auf den LCD-Bildschirm schaust, um deine Kamera und Linse eventuell durch Zoomen zu positionieren, rahmst du dein Bild automatisch ein. Es wird Einrahmung genannt, da es tatsächlich nichts anderes ist, als einen echten Rahmen um das zu fotografierende Objekt zu ergänzen, um die Szenerie von anderen umgebenden Dingen abzugrenzen.

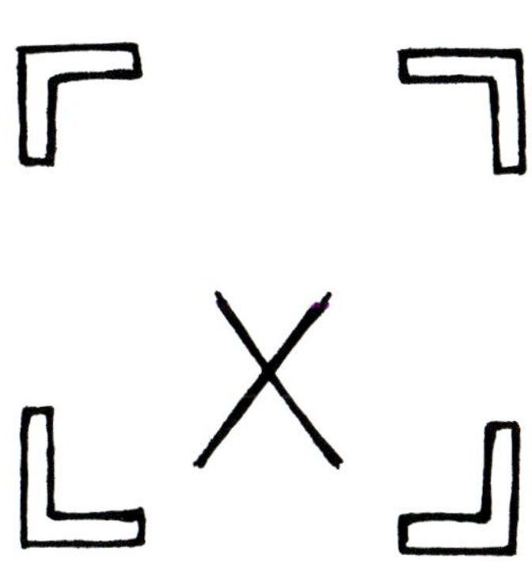

Ausrichtung und Blickwinkel

Mach dir noch einmal bewusst, dass die Ausrichtung, von der aus du das Objekt fotografierst, ebenfalls der Blickwinkel des Betrachters ist. Wenn du einen ungewöhnlichen Blickwinkel wählst oder den Fokus auf ein bestimmtes Detail lenkst, machst du den Betrachter ganz bestimmt neugierig auf mehr.

- Das Objekt vor dem Auslösen zunächst einzurahmen, ist eine gute Möglichkeit, ein Gespür für dessen Wirkung zu bekommen. So sparst du Zeit und unnötiges nachträgliches Ausschneiden.
- Fotografiere auch mal von der Vogelperspektive aus, besonders dann, wenn das Objekt sehr groß ist. Benutze in dem Fall am besten eine Trittleiter.
- Oder fotografiere von unten, um mehr Spannung in das Bild zu bekommen.

Der Hintergrund

Hintergründe können wunderbar schlicht sein und gerade deshalb kann man herrlich einfach mit ihnen arbeiten. Der richtige Hintergrund besitzt zum Beispiel die Fähigkeit, das Objekt, um das es eigentlich gehen soll, direkt in das Blickfeld des Betrachters zu lenken.

Auch hier gilt wieder: Wenn es um Produktfotografie für eine Verkaufsplattform geht, sollte der Hintergrund auf den verschiedenen Bildern möglichst identisch sein, um in der Gesamtheit einen einheitlichen Stil zu verdeutlichen. Nichtsdestoweniger sollte das einzelne Bild auch für sich alleine wirken können und aus einer Masse an anderen, unterschiedlichen Aufnahmen heraustreten.

Es gibt verschiedene Arten von Hintergründen: neutrale (Farbabstufungen in Weiß, Grau oder Schwarz), farbige (von Pastelltönen bis hin zu kräftigen Farben – wie z. B. Tischplatten, Papiere oder Stoffe), gemusterte (in Komplementärfarben zum Objekt), strukturierte (Holz, Papier, Stoff, Steine etc.) und zufällig vorgefundene (Wohn-, Garten- oder Atelierambiente).

Requisiten, Accessoires und Styling

Als Requisiten und Accessoires bezeichnet man all jene Dinge auf einem Foto, die dazu dienen, das Arrangement besonders zu machen und dabei das eigentlich im Fokus stehende Objekt zu unterstreichen.
Hier nun einige allgemeine Requisiten und Styling-Techniken, auf die du beim Arrangement deiner Fotos zurückgreifen kannst:

- einzelne Möbelstücke oder Wohnraumdekorationen
- frisches Gemüse, Obst oder Blumen – im Prinzip alles, was besonders schön anzuschauen ist
- Bücher, Luftballons, Bänder, Stifte, Pflanztöpfe
- Objekte in ihrer Anwendung zeigen
- besonders schöne Nischen im Wohnraum aufgreifen (Fensterbank, Bücherregal, Küchenregal, Sideboard etc.)

Struktur & Details

Es gibt bestimmte Objekte, die eine besonders schöne Struktur haben, die auf einem Foto so real wie möglich wiedergegeben werden sollte. Dazu gehst du am besten ganz nah an das Motiv heran und stellst den Fokus auf scharf. Wenn möglich, verwende dazu ein Stativ, um die Kamera so stabil wie möglich zu halten.
Das ideale Licht für derartige Fotos ist weiches, natürliches Licht, das sanft auf das Objekt fällt und Details und die Struktur perfekt einfängt.
Gehe am besten ganz nah an das Motiv heran und rahme es so eng wie möglich ein – dadurch kommt die Struktur noch besser zur Geltung.

Fotos mit eigener Signatur versehen

Nun wollen wir noch kurz erklären, wie du deine selbst geschossenen Fotos mit deiner individuellen Signatur versehen kannst. Schließlich möchtest du dich ja als Urheber deiner Bilder (die eventuell bei Pinterest oder Tumblr verteilt werden) outen und somit die Aufmerksamkeit auch auf dein Blog lenken. Du benötigst dafür allerdings das Bildbearbeitungsprogramm Photoshop®.

So geht's:

Zunächst schreibst du deine Signatur (Name deines Blogs) so lange auf weißes Papier, bis sie dir gefällt. Nun kannst du sie mit möglichst großer Auflösung abfotografieren oder einscannen – beides ist möglich. Öffne nun den Scan oder das Bild in Photoshop® und gehe im Menü auf Auswahl → Farbbereich. Klicke danach mit der Pipette (in linker Werkzeugleiste) in deine Unterschrift.

Wähle nun im Toleranzbereich einen möglichst eindeutigen Schwarz-Weiß-Kontrast und gehe auf OK, wenn du zufrieden bist. Nun erscheint die Unterschrift als Auswahl. Gehe danach in der Menüleiste auf Ebene → neue Füllebene und öffne eine neue Farbfläche. Du kannst nun die Farbe wählen, in der du deine Signatur auf das Foto setzen möchtest. Hier in diesem Beispiel wurde der Text in Schwarz gesetzt und anschließend die Deckkraft auf 14 % reduziert.

Öffne nun das Bild und ziehe deine Signatur auf das Bild. Jetzt musst du die Signatur nur noch unter Bearbeiten → Transformieren → Skalieren auf eine entsprechende Größe reduzieren. Fertig ist dein signiertes Foto. Für andere Bilder gilt, dass die Signatur je nach Bildhintergrund in ihrer Farbigkeit und Deckkraft variiert werden muss.

Sibylle vom Blog Funkytime (fun.kyti.me)

Was machst du beruflich und wo lebst du?

Ich bin Grafikdesignerin und Bloggerin, 35 Jahre alt und lebe in Berlin.

Welche Erfahrungen hast du mit deinem Blog gemacht?

Es ist immer wunderschön, wenn ich E-Mails von Menschen bekomme, die mir einfach nur schreiben, wie toll sie finden, was ich mache. Dass sie sich überhaupt die Zeit nehmen!
Schlechte Erfahrungen habe ich eigentlich keine gemacht, wirklich keine. Ein kleiner Nachteil ist, dass man immer am Ball bleiben muss, denn sobald Funkstille herrscht (ein wohlverdienter Urlaub z. B.), gehen die Besucherzahlen runter. (Das ist aber ja nur wichtig, wenn einen die Zahlen kümmern, z. B. weil man bezahlte Werbung auf seinem Blog hat.)

Warum hast du ein Blog?

Es ist eigentlich ein kreatives Outlet für mich, das ich mit anderen teilen will. Und auch das Feedback ist mir wichtig, damit ich mich professionell verbessern kann. Wenn ich z. B. eine Druckvorlage designe und keiner lädt sie runter, weiß ich, dass sie schlecht war! Es fasziniert mich außerdem, dass es da draußen so viele gleich gesinnte Menschen gibt, die meine Interessen teilen und die ich dann auch z. T. persönlich kennenlerne, das ist wunderbar! Mein Ziel ist es, mein Blog als Sprungbrett zu nutzen, eine gewisse Bekanntheit zu erreichen, um dann wiederum meine Freelance-Kunden zu werben.

Worüber geht dein Blog?

Drei Stichworte, die dein Blog beschreiben: farbig, fröhlich, funky

Es geht hauptsächlich über das Thema DIY, aber das beinhaltet auch Mode und Essen!
Auf meinem Blog mache ich alles selber, die Projekte, die Fotografie, das Styling und auch das technische Drumherum, Coding und Webdesign, es ist keine Ansammlung von schon vorhandenen Projekten anderer Blogger. „Funkytime“ bin ich.

An wen richtet sich dein Blog?

Mein Blog richtet sich an alle, die in irgendeiner Form kreativ sind oder es werden wollen, an die, die Farbe und das Außergewöhnliche lieben, an die, die Inspiration suchen. Google sagt, das sind hauptsächlich Frauen im Alter von 20 bis 55!

Wie bist du auf den Namen gekommen?

Durch einen Film, da wurde „Funkyzeit“ erwähnt. Ich mochte den Namen und habe „Funkytime“ daraus gemacht. Ich habe gedacht, jeder, der mein Blog besucht, soll sich wohlfühlen und etwas aus seinem Alltag gerissen werden, in eine andere, bunte, fröhliche Welt eintauchen, das Blog soll gute Laune, Freude am Leben und Kreieren ausdrücken, farbig und froh sein, funky eben!

Hast du das Design selbst entworfen?

Mein Blog ist visuell, also ist mir das Design sehr wichtig. Funkytime ist von mir kreiert, alles, was du siehst, bin ich.

Wenn du einen Shop bei DaWanda oder Etsy hast: Greift das Banner oder Logo deines Shops dein Blogdesign auf?

Ja, alles passt zusammen. Newsletter, Visitenkarten, ...

Wie setzt du deine Projekte fotografisch ins rechte Licht?

Natürliches Licht und ein weißer Hintergrund, der das Projekt hervorhebt, das sind die wichtigsten Elemente meiner Fotografie.

Was bloggst du so alles?

Meistens sind es DIY-Projekte, Kleidung, die ich nähe, und Party-Druckvorlagen, die ich designe. Meine Ideen kommen mir beim Bummeln und wenn ich auf Flohmärkten unterwegs bin. Da tanke ich sozusagen auf. Danach sprudeln die Ideen nur so und ich muss alles aufschreiben, sonst vergesse ich die Hälfte!

Wie bindest du deine Leser in dein Blog mit ein?

Ich mache Gewinnspiele mit Firmen, die ich toll finde. Meistens Start-ups. Einen Staubsauger oder eine Visa-Geschenkkarte werdet ihr also nicht bei mir gewinnen können.
Ein ganz großer Erfolg war auch mein Valentinsprojekt. Da konnten meine Leser ihre DIYs zum Thema Valentinstag per E-Mail einsenden. Wir hatten eine tolle Jury, Kelly Edwards von HGTV, sie hat die drei schönsten Projekte ausgesucht und die Gewinner bekamen tolle Preise.

Dein Lebensmotto:
Life's not about waiting for the storms to pass ... It's about learning to dance in the rain. Im Leben geht es nicht darum, die Stürme vorbeiziehen zu lassen, sondern zu lernen, im Regen zu tanzen.

Inwiefern machst du Eigenwerbung für dein Blog?

Ich poste meine Projekte auf Facebook und Twitter.

Wie viele Besucher hattest du bisher auf deinem Blog und wie viele Abonnenten?

Etwas über 3 Millionen, Abonnenten ca. 17.000.

Wie aktiv bist du in anderen Netzwerken?

Da mein Blog sehr visuell ist, nutze ich neben Facebook auch hauptsächlich Pinterest. Etsy.com mochte meine Pins auch, sodass ich einen Monat für sie als Gast gepinnt habe.

Wie baut man eine eigene Blog-Community auf?

Man antwortet auf Kommentare, die andere Leute auf dem Blog hinterlassen, man kommentiert auf anderen Blogs oder schreibt auch mal eine E-Mail, wenn einem etwas besonders gefallen hat. Man schließt sich zusammen mit anderen Bloggern zu einem gemeinsamen Projekt, und wenn man Zeit hat, trifft man sich auch mal persönlich und hin und wieder entstehen dabei richtig nette Freundschaften. Und so entstehen auch Link-Austausche: Ich habe Bloggerin X kennengelernt und finde ihren Blog ganz toll, da setze ich ihren Link in meine Blogroll und so können auch meine Leser etwas Neues kennenlernen. So vernetzt man sich und wird immer mehr vernetzt und die Community wächst.

Wie viel Zeit nimmt das Bloggen bei dir wöchentlich in Anspruch?

So eine 30-Stunden-Woche dürfte es sein. Manchmal mehr, manchmal weniger.

Verdienst du mit dem Blog Geld?

Ja, durch Werbung, die in meiner Sidebar geschaltet wird, und durch die Design-Jobs, die ich durch meinen Blog bekomme.

Welchen Rat kannst du Kreativen geben, die sich ein eigenes Blog einrichten möchten?

Ich würde zunächst ganz einfach anfangen und nach dem KISS-Prinzip (Keep it simple and stupid) vorgehen. Schöne Bilder sind wichtig, die nicht mit Blitzlicht fotografiert werden – lieber weniger Bilder machen, aber dafür ausdrucksstarke. Einen Kontakt nicht vergessen und eine Facebook-Seite einrichten. Und zum Schluss sollte man sich immer wieder daran erinnern, dass es auch noch ein Leben jenseits des Bloggens gibt!

Wie heißen deine drei liebsten Blogs?

ASubtleRevelry.com – schöne, ausgefallene Party-Ideen, wundervolle Fotos. homemade-modern.com – tolle, moderne DIYs zum Thema Möbel. dietlindwolf.blogspot.de, – Style-Guru Dietlind Wolf, ein absolut wunderschönes Styling.

Rebecca
Bloggerin vom Blog Sinnenrausch
(sinnenrausch.blogspot.com)

Wie und wo lebst du?

Ich lebe mit meiner Minifamilie (Mann, Kind, Hund) in der Nähe von Innsbruck. Da ich sehr naturliebend bin und rundherum viel davon zu finden ist, spiegelt sich das auch in unserem Wohnstil wider. Mit viel Weiß und hellen Holzmöbeln haben wir unsere kleine Wohnung eingerichtet.

Welche Erfahrungen hast du mit deinem Blog gemacht?

Das Blog hat meinen Blick auf viele Dinge verändert, ich gehe mit viel offeneren Augen durch die Welt, immer auf der Suche nach Inspiration.
Außerdem ist jeder Kommentar, jedes „Gefällt mir", jede E-Mail ein wunderbares Feedback, das ich sehr schätze. Genauso wie das Kennenlernen vieler interessanter und gleichgesinnter Persönlichkeiten. Das ist ganz wunderbar und spannend.

Warum hast du ein Blog?

Weil Bloggen meine Glücksquelle ist! Und mittlerweile eine Menge Herzblut drinsteckt. Außerdem gibt mir mein Blog die Möglichkeit, meine großen Leidenschaften, das Wohnen und das Fotografieren, greifbar zu machen.
Damals, als ich anfing zu bloggen, hat keiner meiner Freunde, Verwandten und Bekannten verstanden, warum die Wand schon wieder eine andere Farbe hat und der Schrank im anderen Zimmer steht. Oder warum man zu jeder Jahreszeit umdekorieren muss. Mein Blog ist eigentlich so was wie mein kreatives Tagebuch.

Dein Blog in drei Worten:
Mit Liebe geschrieben.

Worüber geht dein Blog?

Am liebsten schreibe ich über das Einrichten und Selbermachen. Handgefertigte Produkte haben Charakter und da kann Ware von der Stange einfach nicht mithalten.
Also findet man bei mir vor allem viele DIY-Sachen und zwischendrin auch mal etwas Leckeres zum Nachkochen bzw. Nachbacken.

Wie bist du auf den Namen gekommen?

Meinen Blognamen habe ich sehr intuitiv und aus dem Bauch heraus entschieden. Ich suchte nach einem Namen, der diese Leidenschaft, die viele in meinem Umfeld gar nicht verstehen konnten, zum Ausdruck bringt.
Schöne Dinge regen unseren Geist an, berauschen unsere Sinne und bescheren uns neue Impulse, genau das, was ich mit meinem Blog erreichen möchte.

Dein Lebensmotto:
„Wir werden von einer Leidenschaft nur geheilt, wenn wir sie bis zum Letzten auskosten."
(Marcel Proust)

Hast du das Design selbst entworfen?

Genauso wie das Blog (bei blogspot.com), habe ich auch das Design und Logo selbst erstellt. Ich bin keine Grafikdesignerin und natürlich sieht man das auch an meinem Blogdesign. Dennoch lege ich Wert auf ein einheitliches Erscheinungsbild. Dazu zählen:

- die sich wiederholenden Farben
- dieselben Schriftarten (auf die Lesbarkeit achten)
- der Schreibstil
- der rote Faden (sowohl im einzelnen Artikel als auch im ganzen Blog)
- eine übersichtliche und einfache Navigation

Was macht ein gutes Kreativ-Blog aus?

- Artikelserien (finde ich immer sehr toll bei Bloggern und sie erhöhen den Wiedererkennungswert)
- Tutorials (mit guten Beispielbildern bzw. Schritt-für-Schritt-Anleitungen)
- Aktualität (bzw. Ideen, die bereits auf zig anderen Blogs zu sehen sind, langweilen mich ganz schnell)
- ansprechendes Design (nicht zu überladen)
- Linktipps
- Vielseitigkeit/Abwechslung
- zeitnahes Antworten auf Fragen in den Kommentaren

Bestimmt ist eine kurze „About-me"-Seite wichtig, da muss ich selbst noch dringend daran arbeiten.

Inwiefern machst du PR bzw. Eigenwerbung für dein Blog?

Eigenwerbung mach ich gar nicht. Ich habe zwar einen Facebook-Account, der jedoch sträflich vernachlässigt wird. Für mehr Besucher ist der RSS-Feed eine weitere Methode und das auf mehrfache Weise. Zum einen kann man den Feed auf verschiedenen „Feedburnern" hinterlegen und zum anderen in einem RSS-Feed-Verzeichnis eintragen.

Worauf sollte man beim Schreiben von Posts achten?

Darauf einen Rat zu geben, ist sehr schwer. Aber: Manchmal klappt es einfach nicht. Man kann nicht 24 Stunden am Tag, sieben Tage die Woche kreativ sein und noch tolle Texte schreiben. Und dann gibt es diese Tage, wo es wie von ganz alleine läuft. Man entwickelt sich mit der Zeit, findet seinen Stil und das ebenso das Blog.

Wie viele Besucher hattest du bisher auf deinem Blog und wie viele Abonnenten?

Bis jetzt sind es knapp 1,5 Millionen Besucher und etwa 700 Abonnenten bei Facebook, wobei ich diesen Kanal nicht regelmäßig aktualisiere.

Wie baut man eine eigene Blog-Community auf?

Indem man sich mit Gleichgesinnten vernetzt und neugierig (auf andere) bleibt. Andere Blogs lesen, mitdiskutieren, kommentieren, sich interessieren und austauschen. Mittlerweile gibt es spannende und tolle Blogger-Konferenzen und Workshops, wo man sich über Tipps zur Bildbearbeitung, technische Fragen oder andere Blogthemen unterhält.

Wie aktiv bist du in anderen Netzwerken?

Leider viel zu wenig! Aber all diese sozialen Medien können helfen, als eine Person/ Marke (für den besseren Wiedererkennungswert) aufzutreten.
Pinterest ist DIE Inspirationsquelle, abends bummle ich manchmal zur Entspannung durch Pinterest und erfreue mich an den wunderschönen Bildern.

Wie viel Zeit nimmt das Bloggen bei dir wöchentlich in Anspruch?

Ganz unterschiedlich. Im Moment habe ich aus beruflichen Gründen sehr, sehr wenig Zeit fürs Bloggen. Da beschränkt es sich auf wenige Stunden in der Woche um alles vorzubereiten: Ideen ausarbeiten, vorbereiten, fotografieren, Artikelthemen auswählen, Kommentare verwalten und das Vernetzen mit anderen Blogs nicht zu vergessen. Ich würde mir mehr Zeit dafür wünschen!

Verdienst du mit dem Blog Geld?

Mit dem Bloggen Geld zu verdienen ist eine schöne Sache. Was aber nicht meine größte Motivation ist. Ich betreibe den Blog als Hobby und verdiene kein Geld damit.

Welchen Rat kannst du den Leuten geben, die sich ein eigenes Blog einrichten möchten?

Sich nicht selbst oder von anderen unter Druck setzen zu lassen. Weder durch die Anzahl der Kommentare noch durch die Anzahl der Beiträge.
Authentisch bleiben und über das zu schreiben, was einen wirklich interessiert. Beim Bloggen geht es nicht um Quantität, sondern um die Qualität – den Inhalt und den Spaß, den man dabei hat. Ein bisschen Geduld braucht es aber auch. :-)

Step 4

Technische Umsetzung

Blogs erstellen

Reibe dir schon einmal die Hände, denn jetzt legen wir richtig los. Nachdem du viele Blogs und den Aufbau eines typischen Weblogs kennengelernt hast, geht es in diesem Kapitel an das Eingemachte. Wir stellen dir Webdienste vor, bei denen du direkt nach der Anmeldung bloggen kannst. Du lernst aber auch ein Programm kennen, das du auf deiner eigenen Website installieren kannst. Den Schwerpunkt legen wir dabei auf das Programm WordPress. Zum Ende des Kapitels gibt es als Zugabe noch eine kurze Einführung in Sonderformen des Bloggens: das Microblogging.

Hosting-Systeme

Vom Hosting (englisch für „Gastgeber sein") wird gesprochen, wenn der Internetspeicherplatz von einem dritten Anbieter betrieben wird und ich keinen Speicherplatz (oder auch Webspace) mieten muss, um dort mein Weblog einzurichten. Gerade wenn du noch keinen Webspace hast oder erst einmal schauen möchtest, ob dir das Bloggen liegt, empfiehlt sich eine Hosting-Variante.
Wenn du schon einmal eine E-Mail-Adresse bei Web.de angelegt, ein Buch bei amazon.de bestellt oder bei eBay mitgesteigert hast, dann wirst du das Prinzip der Hosting-Systeme schnell wiedererkennen. Du legst bei deinem ersten Besuch ein Profil an und kannst dann mit deinen persönlichen Logindaten direkt den Dienst nutzen. Du kannst die Farben anpassen und deinem Blog einen Titel geben und dann direkt die ersten Texte schreiben. Wie viele eigene Fotos du einbinden kannst, wie sehr das Design anpassbar ist und ob du sogar eine eigene Domain für deine Internetadresse erhältst, hängt vom Funktionsumfang ab. Hier lohnt sich also der Vergleich.

Blogger.com

Blogger (blogger.com/features) ist der Klassiker unter den Hosting-Systemen. Der Dienst verfügt über eine sehr einfache Bedienoberfläche – zum Bloggen loggst du dich ein und verfasst deine Texte, die dann anschließend fertig programmiert auf deinen Speicherplatz geladen werden. Sehr viele Blogger sind mit diesem Tool gestartet. Blogger bietet mit blogspot.com auch kostenlosen Webspeicherplatz an, wenn du noch über keinen eigenen Platz verfügst. Inzwischen steckt hinter Blogger Google – deswegen ist dieser Dienst kostenlos und arbeitet gut mit anderen Google-Angeboten zusammen.

So startest du dein eigenes Blog

Schritt 1: Google-Konto einrichten

Wenn du dich auf der Blogger.com/features-Seite befindest, klicke auf *Erste Schritte* (siehe oben rechts). Hinter diesem Link wirst du aufgefordert, ein Google-Konto zu erstellen. Wenn du bereits einen anderen Google-Dienst nutzt, kannst du dich anmelden oder einloggen, um zum nächsten Schritt zu gelangen. Wenn du noch keinen Google-Dienst nutzt, kannst du durch das Ausfüllen ganz einfach ein Google-Konto anlegen. Allerdings musst du dich in einem Zwischenschritt entscheiden, ob du ein Google+-Profil oder ein Bloggerprofil anlegen möchtest.

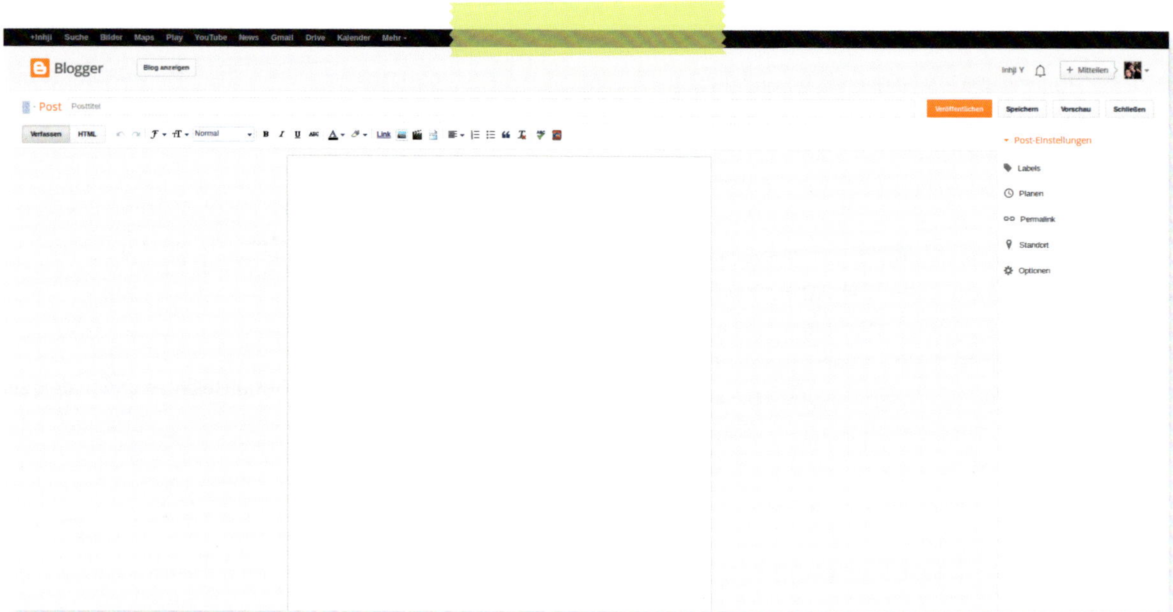

Schritt 2: Blog erstellen

Im nächsten Schritt klickst du auf *Neuer Blog* und wirst danach aufgefordert, einen Namen für dein Blog zu finden. Außerdem sollst du die Adresse festlegen, unter der deine Besucher dein Blog aufrufen können. Die Internetadresse ist ein Teil der Adresse blogspot.com; es handelt sich um eine Subdomain. Wenn du zum Beispiel das-blog-buch einträgst, werden die Besucher dein Blog unter der Adresse http://das-blog-buch.blogspot.com erreichen. Wenn du bereits einen Speicherplatz hast, kannst du in diesem Schritt auch einen anderen Server als Speicherort des Blogs festlegen. In unserem Fall nutzen wir aber das Blogspot.com-Angebot.
Danach werden dir sieben mögliche Designs angezeigt. Suche deine Lieblingsvorlage aus (optional) und klicke sie an. Dieses Design ist auch noch nachträglich änderbar. Im nächsten Schritt ist dein Blog fertig eingerichtet. Jetzt kannst du deinen ersten Eintrag schreiben.

Schritt 3: Den ersten Eintrag schreiben

Mit den Daten deines Google-Kontos kannst du dich auf blogger.com jetzt einloggen und von dort den Schreibbereich zu deinem Blog aufrufen. Direkt auf der ersten Seite kannst du deinen Text eingeben. Schreibe als Erstes einen Titel und gib dann den Fließtext zu deinem ersten Blogbeitrag ein. Den Text kannst du so bearbeiten, wie du es von einem gängigen Textverarbeitungsprogramm gewöhnt bist: Die Wörter und Sätze können fett, kursiv, unterstrichen, linksbündig, mittig, farbig oder in Listen, Aufzählungen oder Zitaten und so weiter formatiert werden.
Wenn dir dein Text gefällt, kannst du dir über den gleichnamigen Link eine Vorschau anzeigen lassen. Bist du zufrieden, klicke auf den orangefarbenen Button *Post veröffentlichen*. Wenn du noch etwas warten möchtest, klicke auf den Button *Jetzt speichern;* später kannst du den Text auch noch veröffentlichen. Der Beitrag wird solange als Entwurf gespeichert.

Schritt 4: Einen Text bearbeiten

Klicke auf den Link *Zur Postliste zurückkehren*, und du erhältst eine Liste mit allen deinen veröffentlichten und gespeicherten Posts. Wähle den Beitrag aus, den du verändern möchtest. Du siehst nun den Text in der Ansicht, die du aus Schritt 3 kennst. Nimm alle Änderungen vor, die du noch im Kopf hast, und speichere oder veröffentliche nun den Text.

Schritt 5: Einstellungen und Design anpassen

Wenn du nachträglich den Titel deines Blogs ändern möchtest oder dir vielleicht noch einen allgemeinen Beschreibungstext ausgedacht hast, dann klicke auf die Registerkarte *Einstellungen* unten links. Hier kannst du alle Funktionen so einstellen, wie es dir gefällt. Die Registerkarte *Layout* führt dich in den Gestaltungsbereich. Du kannst dort die grobe Aufteilung und die Farben ändern oder Widgets (siehe Glossar Seite 92/93) hinzufügen bzw. verschieben. Unter der Registerkarte *Vorlage* kannst du den Vorlagendesigner öffnen und eine ganz andere Vorlage auswählen. Gefällt sie dir, wird das Design der Vorlage direkt übernommen. Du kannst auch mit einigen HTML-Kenntnissen das Design selber verändern oder ein ganz eigenes einbauen. Aber Vorsicht: Sobald du per Hand eine Änderung gemacht hast und dann eine neue Vorlage auswählst, werden alle eigenen Designänderungen überschrieben.

Blogg.de (blogg.de) stammt federführend vom bekannten deutschen Blogger Nico Lumma (lummaland.de) und ist letztendlich ein gehosteter WordPress-Blog. Du erhältst hier ein kostenloses Blog und kannst direkt online loslegen. Grundsätzlich funktioniert blogg.de genauso wie blogger.com – allerdings gibt es einige weitere Funktionen. Mit deinem kostenlosen Account kannst du bis zu fünf Blogs anlegen und jeweils auch fünf weitere Co-Autoren festlegen. Ebenfalls kannst du eigene Linklisten, in Form von Blogrolls, verwalten. Nicht nur übers Internet kannst du die Texte veröffentlichen, sondern auch per E-Mail und Handy. Außerdem hast du 100 MB Speicherplatz für Bilder, die du in bis zu fünf Galerien einbinden kannst. Der Dienst finanziert sich durch Werbung. Entscheidest du dich gegen Werbung in deinem Blog, kannst du sie entfernen lassen. Du müsstest dann nur eine monatliche Gebühr bezahlen.

Twoday.net (twoday.net) ist ein Weblog-Dienst aus Österreich, bei dem sich eine lebhafte Blogger-Gemeinschaft entwickelt hat. Twoday.net möchte seinen Nutzern ein möglichst unkompliziertes Werkzeug zum Bloggen anbieten, versorgt sie aber nicht nur mit Technik. Twoday.net hat unter mindestenshaltbar.net ein Onlinemagazin an den Start gebracht und lädt Blogger dort zum Schreiben ein. Dort können sie zu bestimmten Themen ihre Meinung durch Artikel beisteuern. Wie bei blogger.com kannst du dein Weblog in drei Schritten starten. Das Basispaket ist sogar kostenlos und verfügt noch nicht einmal über Werbebanner. Sämtliche Funktionen, wie Bilderalben und Layouts, stehen zur Verfügung. Gegen eine

Gebühr gibt es mehr Speicherplatz und auch Weblog-Statistiken. Dann hast du immer genaue Kontrolle über deine Besucherzahlen. In dem größten Paket besteht sogar die Möglichkeit, die Weblogs mit einem Passwort zu belegen; nur festgelegte Personen haben dann Zugriff auf die Seiten. Außerdem ist die kommerzielle Nutzung erlaubt, und du erhältst eine eigene Domain.

Auch blog.de bietet seinen Nutzern eine kostenlose Variante und eine bezahlte. Die Benutzer werden einfach durch das System geführt, und der Schwerpunkt liegt auf vielen zusätzlichen Community-Funktionen, die sonst nicht zu den Standardfunktionen von Blogs gehören. In der kostenlosen Variante gibt es 10 MB Speicherplatz und einen eingeschränkten Funktionsumfang. In der bezahlten Variante können bis zu 99 Blogs geführt werden. Hinter diesem Projekt steckt die Firma monoko GmbH von Florian Wilken und Vaso Sommer-Nunes. 2007 hat Hubert Burda in die junge Firma investiert; heute gibt es das Portal in 13 Länderversionen.

Weitere Blogdienste

TypePad (typepad.com) ist der kleine Bruder der Weblog-Software MovableType. Blogger ohne technischen Background oder ohne Speicherplatz können hier die Vorteile von MovableType nutzen. Um Installation und Updates brauchst du dich nicht zu kümmern. Dazu gibt es Features wie Fotoalben und Mobile Blogging, sodass du auch direkt von deinem Handy aus veröffentlichen kannst.

Myblog.de (myblog.de) ist ein deutscher Weblog-Dienstleister. Nach eigenen Angaben ist myblog.de die größte Weblog-Plattform in Deutschland. 350.000 Blogs sind dort angelegt worden, wie viele davon aber auch tatsächlich noch aktiv benutzt werden, ist nicht bekannt. Durch die simple Benutzerführung und kostenlose Accounts spricht myblog.de besonders junge Surfer an, die sich mit einem eigenen Weblog ausprobieren.

Wordpress.com (wordpress.com) ist ein US-amerikanischer Dienst und bietet das bekannteste Weblog-Programm WordPress als gehostete Variante an. Mit einem Account bei wordpress.com kannst du direkt losbloggen und hast deine eigene WordPress-Installation. Auch um Updates brauchst du dich nicht kümmern, da die aktuelle Programmversion zentral eingespielt wird. Der Nachteil ist, dass du den Speicherplatz nicht im vollen Umfang nutzen kannst, wie es dir bei einem normalen Speicherplatz möglich ist.

Sqaurespace.com (squarespace.com) ist einer der modernsten Hosting-Anbieter. Zwar kannst du dieses Angebot kostenlos testen, musst aber für den richtigen Betrieb einen Tarif auswählen. Dafür legen die Betreiber großen Wert auf modernste und professionelle Technik und eine simple Nutzerführung. Besonders die angebotenen Vorlagen sind sehr ansprechend.

Selbst hosten

Das war nur ein Bruchteil der Hosting-Systeme, die es auf dem Markt gibt; aber wenn du dir diese Anbieter angeschaut hast, kennst du bereits die wichtigsten und meistgenutzten. Sehr viele Blogger setzen jedoch lieber auf ein eigenständiges System. Der wichtigste Vorteil: Du bist dein eigener Chef! Es gibt kein Limit bei der Anzahl von Bildern, die du in eine Galerie packen kannst, niemand sagt dir, wie das Design auszusehen hat oder wo der Titel des Blogs positioniert wird. Allerdings musst du dich ein wenig näher mit der Technik hinter der Webseite beschäftigen. Bevor du die ersten Besucher in dein ganz eigenes Blog einladen kannst, brauchst du drei Zutaten: 1. Du musst den Speicherplatz finden. 2. Du musst die passende Software finden und 3. diese auch installieren. Hier eine kleine Einführung.

Geeigneten Webspeicherplatz finden

Herzlich willkommen auf dem Webhost-Wochenmarkt! Anbieter um Anbieter drängen sich auf dem Platz und erschlagen die Marktbesucher mit den günstigsten Angeboten. Große Anbieter werben mit günstigen Preisen und bunten Prospekten, kleine Anbieter locken mit individueller Beratung. Die Suche im Internet nach einem geeigneten Speicherplatz ist so anstrengend wie der Besuch auf einem Wochenmarkt, wenn man einfach nur etwas frisches Gemüse möchte, aber keine Zeit hat, alle Angebote auf sich wirken zu lassen.

Doch was benötigst du überhaupt? Speicherplatz! Für den Anfang benötigst du keine Massen, aber 100 MB Speicherplatz sollten es schon sein. Dann kannst du neben den Texten auch einige Bilder oder Sounddateien hochladen. Außerdem brauchst du noch eine Internetadresse, also eine Domain wie www.blogbuch.de. Speicherplatz und Domain gehören zum Standard der meisten Angebote.

Wichtig ist auch der Traffic. Als Traffic bezeichnet man den Datentransfer, der entsteht, wenn Besucher etwas von deiner Webseite laden. Der Datentransfer entsteht also, wenn die Besucher auf deiner Seite herumsurfen oder sich etwas herunterladen. Ein kleines Beispiel: Du stellst jede Woche ein Bild ins Netz, das 1 MB groß ist. Dieses wird von 1000 Leuten gesehen. Alleine dadurch entsteht ein Traffic von knapp 4 GB. Die Rechnung funktioniert so: 1 MB mal 1000 Downloads mal 4 Wochen ergibt 4000 MB, also knapp 4 GB Traffic. Der Traffic wird aber immer günstiger, und viele Webhosting-Anbieter haben eine Traffic-Flatrate im Angebot. Wählst du allerdings ein sehr günstiges Paket aus, das nur wenig Traffic erlaubt, kann das zu einer teuren Nachberechnung führen. Je nach Anbieter kann jedes zusätzlich angebrochene GB Traffic ein paar Euro kosten.

Du solltest auch darauf achten, dass dein Paket Webseiten mit der Skriptsprache PHP erlaubt. PHP brauchst du zwingend, wenn du ein eigenes Weblog einrichten möchtest. Erst damit kann die entsprechende Software auf deinem Speicherplatz eingerichtet werden. Meistens benötigen diese Programme auch eine MySQL-Datenbank. Texte, die du in dein Blog schreibst, werden hierin zum Beispiel abgespeichert.

Es gibt aber noch viele andere Features, mit denen geworben wird. Die Anzahl der E-Mail-Adressen, Webstatistiken, passwortgeschützte Verzeichnisse, vorinstallierte Programme und so weiter. Inwieweit du deine Entscheidung von diesen zusätzlichen Funktionen abhängig machst, ist deinem Geschmack überlassen.

Hier nun die zwei größten Webhosting-Anbieter:
1&1 (1und1.de) ist einer der größten Webhoster in Deutschland. Vorteile großer Dienstleister sind günstige Tarife, viele Zusatzfunktionen und zügige Bearbeitung von Standardvorgängen. Individuelle Anfragen und Wünsche werden aber nur begrenzt berücksichtigt. 1&1 hat einen relativ guten Ruf. Du wirst restlos begeisterte Kunden finden; es gibt aber unter Bloggern auch enttäuschte – was bei der Masse an Kunden überhaupt kein Wunder ist.

Strato (strato.de) ist in einem Atemzug mit 1&1 zu nennen. Seit Jahren liefern sich beide Dienstleister eine Schlacht um jeden Kunden.

Worauf solltest du bei Hostern achten?

Niemand ist vor Überraschungen gefeit. Aber du kannst das Risiko schon minimieren, wenn du auf einige Dinge achtest, bevor du dir einen Webhosting-Anbieter aussuchst und einen Vertrag abschließt. Einige Tipps gegen allzu viel Stress:

- Kontrolliere immer die Laufzeit für deinen Webhosting-Vertrag. Bei manchen Anbietern musst du dich für eine bestimmte Zeit binden, zum Beispiel für zwölf Monate.

- Überprüfe Sonderaktionen und Rabattangebote ganz genau! Das Kleingedruckte verrät dir, ob dich bei der Rechnungsstellung Dinge erwarten könnten, die du auf den ersten Blick gar nicht vermutet hättest.

- Vergiss nicht, dich über den Abrechnungsmodus zu informieren. Kleinere Pakete werden häufig ein ganzes Jahr im Voraus abgerechnet.

- Schaue dir an, welchen Service der Anbieter verspricht. Gibt es für das Paket nur eine teure Hotline, die per Sonderrufnummer erreichbar ist? Sollte es einmal zu Problemen mit deiner Webseite kommen, sollte dir auch ein entsprechender Support angeboten werden.

- Was passiert, wenn du mehr Traffic verursachst, als dir zur Verfügung steht? Achte darauf, dass du dann nicht zu viel draufzahlen musst!

- Überprüfe auch versteckte Kosten: Wird der Umzug einer bestehenden Domain in das Paket (KK-Antrag) anders berechnet als die Registrierung einer ganz neuen Domain? Oder prüfe auch nach, ob wirklich das Registrieren von Domains inklusive ist und ob du ggf. weitere Domains hinzubestellen kannst. Frage auch nach, wie viel diese Domains dann kosten.

- Ist der Speicherplatz tatsächlich PHP- und MySQL-fähig? Funktioniert die Skriptsprache nicht oder gibt es keine Datenbank, können wir keine Weblog-Software installieren.

Technische Grundlagen

Bevor wir in wenigen Minuten mit der Installation des Blogs beginnen, müssen wir noch einige technische Begriffe und Verfahren klären. Du hast inzwischen deinen Speicherplatz gemietet, und dein neuer Provider hat dir die Zugangsdaten geschickt. Mit diesen Zugangsdaten kannst du die Dokumente hochladen.

Upload per FTP

Wie kommen deine Dateien ins Internet? Dazu benötigst du ein FTP-Programm. FTP steht für File Transfer Protocol, also Dateiübertragungsverfahren. Mit diesem Standard können Dateien zwischen zwei Computern übertragen werden. Das FTP-Programm verbindet deinen Computer also mit dem Webserver, auf dem deine Dateien abgelegt werden. Du siehst in diesem Programm die Dateien auf deiner Festplatte und die Dateien auf dem Webserver. Per Mausklick kannst du sie dann in der Regel von der einen Seite auf die andere Seite ziehen. Je nach Dateigröße und Internetverbindung kann die Übertragung einige Minuten dauern.

FileZilla (filezilla.sourceforge.net) ist ein kostenloses FTP-Programm für Windows. Es verfügt über alle Basisfunktionen, die ein FTP-Programm benötigt, und kann abgebrochene Übertragungen auch fortsetzen. Du musst dann nicht die ganze Datei erneut hoch- oder runterladen. Wir werden auf den kommenden Seiten auch mit FileZilla arbeiten. Deshalb empfehlen wir dir, dieses Programm herunterzuladen.

Cyberduck (cyberduck.ch) ist ein kostenloses FTP-Programm für Mac OS X. Es arbeitet mit Diensten wie Spotlight zusammen und integriert alle gängigen Editoren, damit du einzelne Dateien direkt mit deinem Lieblingseditor bearbeiten kannst. Etwas ungewöhnlich: Cyberduck listet nur die Verzeichnisse auf dem Webserver auf. Die klassische Bildschirmteilung mit der Festplatte links und dem Webserver rechts nutzt es nicht.

Bevor wir nun loslegen, benötigst du die FTP-Zugangsdaten für deinen Webserver. Diese bestehen aus der Host-Adresse (üblicherweise dein Domainname wie zum Beispiel www.blogbuch.de), einem Benutzernamen und einem Passwort.

Schritt 1: Verbindungsdaten eingeben

Bevor du dich mit dem Server verbinden kannst, solltest du die Verbindungsdaten speichern. Klicke zunächst auf den Button *Server-Verwaltung*; du erreichst den Servermanager aber auch über den Menüpunkt *Datei*. Darin klickst du auf *Neuer Server* und kannst nun eine Bezeichnung für den neuen FTP-Server eingeben. Als Nächstes trägst du unter *Server Details* deine Host-Adresse ein; den Benutzernamen und das Passwort kannst du im Bereich *Logintyp* eingeben. Markiere hierzu den Logintyp *Normal*. Alle weiteren Einstellungsmöglichkeiten kannst du unverändert lassen. Klicke nun auf *Speichern*.

Schritt 2: Verbindung zum Server herstellen

Neben dem Button *Server-Verwaltung* gibt es einen kleinen Pfeil, der nach unten zeigt. Klicke auf diesen Pfeil, und du kannst das Profil aufrufen, das du eben angelegt hast. FileZilla verbindet sich danach mit dem Server. Diesen Vorgang kannst du direkt beobachten: Im oberen Textfeld rauschen FTP-Befehle durch; alle Aktionen werden protokolliert. Dieses Protokoll brauchst du nicht zu lesen. Du siehst darin aber, wenn eine Aktion durchgeführt wird. Auf der rechten Seite erscheinen in FileZilla nun die Verzeichnisse auf dem Server.

Schritt 3: Lokales Verzeichnis auswählen

Wähle nun auf der linken Seite das Verzeichnis auf deiner Festplatte aus, in dem die Dateien für deinen Podcast liegen, zum Beispiel D:\meinblog\... Im oberen Fenster siehst du die Ordnerstruktur deines Rechners und im unteren die Dateien, die im aktuell gewählten Ordner liegen.

Schritt 4: Server-Verzeichnis auswählen

Auf der rechten Seite kannst du nun den Ordner auswählen, in den die Dateien für deinen Podcast kopiert werden sollen. Über der Ordnerliste findest du eine Infozeile, die zeigt, in welchem Ordner du dich gerade befindest. Einen neuen Ordner kannst du anlegen, wenn du mit der rechten Maustaste auf die weiße Fläche klickst. Wähle im Kontextmenü einfach *Verzeichnis erstellen* aus. Machst du danach einen Doppelklick auf den neuen Ordner, befindest du dich in ihm.

Schritt 5: Datei hochladen

Wenn du mit allem fertig bist, siehst du links den Ordner, in dem die Dateien liegen, die du ins Netz stellen möchtest. Rechts befindet sich die Server-Seite mit dem Ordner, in dem du die Dateien ablegen willst. Markiere nun einfach die gewünschten Dateien und ziehe sie von links nach rechts. Ganz unten wird dir nun angezeigt, welche Dateien gerade hochgeladen werden. Lädst du mehrere Dateien hoch, werden alle aufgelistet und in eine Warteschlange gestellt. Das Herunterladen funktioniert übrigens nach dem gleichen Prinzip – hier musst du die Dateien nur von rechts nach links ziehen.

Schritt 6: Verbindung beenden

Wenn die Übertragung fertig ist, kannst du die Verbindung zum Server beenden. Klicke dazu auf *Trennen* im Menü *Datei*.

Schritt 7: Dateien überprüfen

Jetzt solltest du noch prüfen, ob der Upload geklappt hat. Angenommen, du hast ein Bild (meinbild. jpg) und eine Index-Datei hochgeladen und dafür auf deinem Server einen neuen Ordner *meinblog* mit dem Unterordner *bilder* angelegt. Dann würdest du die Folge unter http://www.deindomainname.de/meinblog/bilder/meinbild.jpg finden und die Index-Datei unter http://www.deindomainname.de/meinblog/bilder/index.html.

Ina
Bloggerin vom Blog pattydoo
(pattydoo.de)

NADELMÄUSCHEN

9. DEZEMBER 2013 VON INA

Als mich Liv Äpplegrön & Misses Cherry gefragt haben, ob ich Lust hätte, bei ihrem Adventskalender mitzumachen, habe ich gerne zugesagt! Hätte ich mir doch als junge Nähanfängerin so eine tolle Webseite nur für mich, mit kinderleichten Anleitungen gewünscht! Aber damals gab's ja noch kein Internet und ich habe einfach mit Mamas Nähmaschine drauf losgelegt. Und da ich früher auch gerne gleich "was richtiges" nähen wollte, habe ich mir für Cherrygrön ein kleines Nähprojekt überlegt.

Im wahrsten Sinne des Wortes klein, denn mein Nadelmäuschen ist eine gute Übung für Geduld und Fingerspitzengefühl.

Was machst du beruflich?

Ich bin gelernte Schneiderin, Diplom-Ingenieurin für Bekleidungstechnik und Medieninformatikerin. Seit Anfang 2013 betreibe ich mein Blog, meine Nähvideos und den Verkauf von Schnittmustern hauptberuflich. Damit habe ich das Glück, alles, was mich interessiert, beruflich zu vereinen und ausleben zu können.

Warum hast du ein Blog?

Durch meine kleine Tochter habe ich die Liebe zum Nähen wiederentdeckt und bin in die Do-It-Yourself-Szene eingetaucht. Nachdem ich mir viele Kreativ-Blogs angeschaut habe, habe ich Lust bekommen, selbst ein Nähblog zu schreiben. Ich hatte schon immer viel Spaß daran, mein Wissen an andere Interessierte weiterzugeben. Insbesondere wenn ich für meinen „Lehrauftrag" so großartiges Feedback auf direktem Wege – in Form von Kommentaren und Mails – zurückbekomme. Nie zuvor hat mich etwas so motiviert und mir das Gefühl gegeben, dass ich genau das Richtige tue! Vor allem die Nähvideos, die ich gemeinsam mit meinem Mann professionell produziere, erfreuen sich mittlerweile großer Beliebtheit. Damit habe ich mein Ziel, eine Blog-Community rund um das Thema Nähen aufzubauen, erreicht. Diese möchte ich noch weiter ausbauen, um demnächst mein zweites Ziel, den Launch einer eigenen Webanwendung für Nähbegeisterte, zu erreichen.

> Dein Lebensmotto:
> Es gibt keinen Applaus fürs bloße Anfangen – nur fürs Fertigstellen.

Welche Erfahrungen hast du mit deinem Blog gemacht?

Man sollte nicht erwarten, dass man mit der Onlineschaltung seines Weblogs sofort interessierte Leser erreicht. Erst mit viel qualitativer Arbeit, viel Netzwerken auf anderen, passenden Plattformen und der ständigen Suche nach neuen interessanten Themen kann man sich langsam, Schritt für Schritt, eine gute Leserschaft aufbauen. Allerdings je höher die Besucherzahlen, desto dünner wird die Luft. Neben vielen Kommentaren und Mails, die positiv sind und motivieren, häufen sich dann auch Mails bzw. Anfragen mit seltsamen Inhalten. Da braucht man manchmal schon ein dickes Fell.

An wen richtet sich dein Blog?

Mein Blog richtet sich an Nähanfänger, Nähbegeisterte, aber auch an alte Nähhasen. Diese begeistere ich mit professionellen Nähanleitungen, hochwertigen Schnittmustern und vor allem mit meinen Videoanleitungen. Als Fachfrau gebe ich jede Menge Tipps zum Nähen, die nicht in Hobbynähbüchern zu finden sind. Meine Nähprojekte zeichnet aus, dass sie meist einfach in der Umsetzung sind und Details haben, die sie zu etwas Besonderem machen.

Wofür steht der Name deines Blogs?

Das war bisher ein großes Geheimnis bzw. ich habe es einfach noch nicht gelüftet. Pattydoo ist abgeleitet von pattern = englisch für „Schnitt(muster)“ und do = englisch für „machen“.

Hast du dir das Blog selbst eingerichtet?

Ich habe ihn selbst eingerichtet, mein Mann hat mich beim Design unterstützt.

Wie wichtig ist dir ein Corporate Design und wie setzt du das Design konsequent um?

Mein Corporate Design ist selbst entworfen und für mich sehr wichtig. Von Anfang an habe ich mein Blog als Marke angelegt. Mein Logo und mein nähender Character ziehen sich durch alle Plattformen, auf denen pattydoo vertreten ist.

Wenn du einen Shop bei DaWanda oder Etsy hast: Greift das Banner oder Logo deines Shops dein Blogdesign auf?

Meine Printsachen wie Postkarten, Briefe und Visitenkarten sind ebenfalls nach meinem Corporate Design ausgerichtet. Vor allem meine handgemachte Postkarte, die zugleich eine kleine Anleitung zum Nähen enthält und damit meine Motivation widerspiegelt, erregt viel positive Aufmerksamkeit.

Drei Stichworte, die dein Blog beschreiben: Nähvideos, Inspirationen, Schnittmuster

Wie setzt du deine Produkte fotografisch ins rechte Licht?

Ein gutes Foto ist das A und O. Dabei ist eine Spiegelreflexkamera einer einfachen Digitalkamera vorzuziehen. Neben anderen Punkten sollte dem Licht besondere Beachtung geschenkt werden. Meine Nähprojekte und Anleitungen fotografiere ich meist bei indirektem Tageslicht, sodass keine harten Schatten entstehen. Mit ein paar Tricks kann man sich aus Haushaltsdingen, z. B. aus einem weißen Bettlaken und zwei Stühlen, ein Lichtzelt bauen, welches dann von außen angestrahlt werden kann. Das erzeugt ein schönes, weiches Licht – optimal für Produkt- bzw. Anleitungsfotos.

Was macht ein gutes Kreativ-Blog aus?

Die Vorstellung der eigenen Person mit einer kurzen Darstellung des kreativen Hintergrunds bzw. warum man den Blog schreibt, sollte wesentlicher Bestandteil eines guten Kreativ-Blogs sein. Mit verständlichen, ästhetisch fotografierten und innovativen Anleitungen kann man die Reichweite erhöhen und die Aufmerksamkeit auf sein Kreativ-Blog lenken. Sie werden von der Kreativ-Community geteilt und z. B. über Pinterest verbreitet. Viel Netzwerken, die Verlinkung des eigenen Blogs auf Blogpartys, Bloghoppings und geeigneten Plattformen sowie das Verlinken anderer Kreativ-Blogs auf der eigenen Seite (in der sogenannten Blogroll) gehören auch unbedingt dazu.

Worauf sollte man beim Schreiben von Posts achten?

Der Blogcontent sollte auf die Leser ausgerichtet sein: Welche Leser möchte ich erreichen und was interessiert diese? Durch die Posts sollte sich eine inhaltliche Linie ziehen, damit der Leser weiß, was ihn in meinem Blog erwartet. Man sollte seine Leser direkt mit „du“ oder „ihr“ ansprechen, sie damit einbeziehen, statt in der unpersönlichen „man“-Form zu schreiben.
Viele Leser abonnieren ihre Lieblingsblogs über diverse Feedreader wie Bloglovin oder Feedly. Auf diesen werden meist in einer Liste nur die ersten paar Zeilen des aktuellen Blogposts angezeigt. Daher ist es wichtig, dass man bereits in den ersten zwei bis drei Sätzen einen Aufhänger bzw. Anreiz liefert, der das Interesse weckt, den ganzen Artikel lesen zu wollen.
Wie ausführlich und wie persönlich Artikel geschrieben sind, hängt von den Themen, der Zielgruppe und natürlich von eigenen Vorlieben ab. Insbesondere Kreativanleitungen zum Nachmachen sollten klar strukturiert, am besten Schritt für Schritt beschrieben und mit aussagekräftigen Fotos auf den Punkt gebracht werden. Weiterführende Links sind hilfreich und sorgen zudem für die Suchmaschinenoptimierung des Blogs, wenn man auf eigene, schon bestehende Blogposts verweist.

Wie viel Zeit nimmt das Bloggen bei dir wöchentlich in Anspruch?

Gedanklich nimmt mich das Bloggen fast rund um die Uhr ein – ständig habe ich (Näh)Ideen im Kopf, die lange ausgebrütet oder spontan umgesetzt werden. Bei allem, was ich tagtäglich sehe, überlege ich, was davon für meine Blogleser interessant sein könnte. Aber auch: Was will ich selber einfach mal ausprobieren und meinen Leserinnen zeigen?

Wie aktiv bist du in anderen Netzwerken?

In anderen Netzwerken bin ich regelmäßig ebenfalls aktiv. Facebook, Twitter und Instagram nutze ich, um zwischen meinen Blogposts zusätzlich kleine Beiträge wie einzelne Fotos oder Links zu Nähthemen zu posten. Zudem netzwerke ich dort mit anderen Bloggerinnen und thematisch passenden Kooperationspartnern. Facebook spielt in meinem Fall eine große Rolle, da mittlerweile sehr viele Nähbegeisterte diese Plattform nutzen, um sich mit Gleichgesinnten auszutauschen und um die eigenen Werke zu präsentieren. Meine Nähvideos veröffentliche ich auf meinem YouTube-Kanal, welcher gerade runde 10.000 Abonnenten hat. Auf Pinterest pinne ich sowohl meine eigenen Anleitungen und Schnittmuster als auch andere Nähideen und Inspirationen. Daneben gibt es weitere Netzwerke, auf denen ich regelmäßig unterwegs bin, beispielsweise auf dem Blog des Handmade-Kultur-Magazins.

Verdienst du mit dem Blog Geld?

Ja, mit meinen Schnittmustern, die ich über meine Nähvideos verkaufe. Den geringeren Anteil machen Einnahmen durch Werbebanner aus.

Wie bindest du deine Leser in dein Blog mit ein?

Mit Fragestellungen innerhalb eines Blogartikels, Gewinnspielen oder Umfragen auf meinem Blog beziehe ich meine Leser ein. Da meine Artikel in der Mehrzahl aus Anleitungen bestehen, poste ich zwischendurch zusätzlich kleine Beiträge wie einzelne Fotos oder Links zu Nähthemen auf Facebook und Twitter, manchmal mit einer Fragestellung. Anders als im Blog gibt es auf diesen Plattformen sehr schnell und ganz direkt Feedback.

Welchen Rat kannst du Kreativen geben, die sich ein eigenes Blog einrichten?

Ganz wichtig: einfach machen. Am Anfang sieht alles kompliziert aus, ist es aber gar nicht, man muss nur dranbleiben. Mit den Themen, über die man posten möchte, sollte man sich identifizieren und Lust haben, sich damit täglich zu beschäftigen. Man sollte sich im Klaren darüber sein, dass das Betreiben eines Blogs nicht nur das Schreiben von Texten beinhaltet. Einen sehr großen Anteil nehmen beim Bloggen das ständige Ausschauhalten nach neuen Inhalten sowie die gedankliche Auseinandersetzung mit den eigenen Themen ein.

Wie heißen deine drei liebsten Blogs?

Jolijou – farbenfrohe Stoffe und DIY-Anleitungen sowie tolle Inspirationen zum Wohnen.

Funkytime – ist ein extravagantes Blog mit innovativen DIYs, schönen Freebies zum Ausdrucken und Rezepten, die Appetit machen.

Les Tissus Colbert – hier wird man mit wunderschön inszenierten Fotos zum Träumen eingeladen.

TITATONI GESAGT. GETAN.

Renate
Bloggerin vom Blog
Titatoni (titatoni.blogspot.de)

Warum hast du ein Blog?

Ich liebe es einfach, meine Ideen zu teilen, und ich finde es einfach unfassbar schön zu sehen, dass Menschen meine Ideen mögen und nachmachen. Mein Ziel ist, einfach weiter schöne Posts zu schreiben und vor allem Spaß dabei zu haben!

Worüber geht dein Blog?

Titatoni ist ein kreativer Lifestyle-Blog zum Thema DIY in den verschiedensten Bereichen (Nähen, Printables, Holzarbeiten, Restaurierung, Upcycling usw.) mit regelmäßiger Veröffentlichung kostenloser Tutorials, Anleitungen, Schnittmuster und Inspirationen.

An wen richtet sich dein Blog?

Mein Blog richtet sich an alle kreativen Menschen mit Interesse an neuen Trends und modernen Styles. Ich versuche, sowohl meine Inhalte als auch die Optik, wie das Layout und Fotos, modern und frisch zu halten.

Wie bist du auf den Namen gekommen?

Der Bezeichnung ist ehrlich gesagt ein reines Zufallsprodukt und entstand aus einer Spielerei mit dem Vornamen meines Sohnes. Ich mag ihn aber, da er irgendwie zeitlos ist.

Hast du dir das Blog selbst eingerichtet?

Das Blog habe ich mir in der Tat selbst eingerichtet. Es macht mir großen Spaß, immer wieder an dem Layout und Design herumzuschrauben.

Hast du das Design deines Headers selbst entworfen?

Das Banner habe ich mir entwerfen lassen. Zuvor habe ich mir zwar immer eigene Designs erstellt, war aber stets ein wenig unzufrieden mit der Optik – sie erschien mir ein wenig dilettantisch. Ich versuche das Design auch konsequent als roten Faden beizubehalten. Für das Blog habe ich mir beispielsweise eine feste Farbpalette erstellt: Alle Buttons usw. bestehen aus Farben von dieser Auswahl.

Wenn du einen Shop bei DaWanda oder Etsy hast: Greift das Banner oder Logo deines Shops dein Blogdesign auf?

Ja, in der Tat, zieht sich das Blogdesign durch alle Bereiche und Kanäle. Und auch die Visitenkarten und Verpackungen greifen diese Gestaltung auf.

Dein Blog in drei Worten:
DIY, Kreativität, Inspiration

Wie setzt du deine Produkte/deine Kreationen fotografisch ins rechte Licht?

Das Thema Fotos liegt mir in meinem Blog besonders am Herzen. Gerade das Fotografieren und eventuelle Nachbearbeiten nehmen mittlerweile den größten Teil der Zeit in Anspruch. Mir ist es wichtig, dass die Fotos hell sind und das wesentliche im Vordergrund steht. Beim Layout finde ich es beispielsweise schön, wenn alle Fotos im Blog die gleiche Breite haben.

Was macht ein gutes Kreativ-Blog aus?

Für mich ist es wichtig, ECHTE Kreativität zu spüren. Dabei müssen nicht alle Ideen neu sein, denn schließlich kann das Rad nicht neu erfunden werden. Aber Projekte sollten im persönlichen Stil des Autors umgesetzt werden und eine individuelle Note des entsprechenden Blogs beinhalten. Schön ist es natürlich, wenn man etwas über den Autor erfährt und das Gefühl bekommt, ein klein wenig am Leben des Schreibenden teilhaben zu dürfen. Grundsätzlich sollten Anleitungen und Tutorials auch wirklich reproduzierbar sein.

Was bloggst du so alles und wie kommst du immer wieder auf neue Ideen?

Ich blogge eigentlich alles, was zum Blogthema passt und ich für lesenswert erachte. Neue Ideen entstehen ganz einfach bei uns im alltäglichen Leben. Ich liebe DIY aus tiefstem Herzen und bin eigentlich ständig dabei, etwas zu bauen, zu nähen oder zu gestalten. Deshalb ist das für mich tatsächlich auch das einzig zu verwirklichende Thema für ein Blog.

Wie bindest du deine Leser in dein Blog mit ein?

Ich versuche, möglichst viel auch bei den Blogs meiner Leser (soweit vorhanden) vorbeizuschauen und ihre Werke zu kommentieren. Leider gelingt mir das aus Zeitgründen nicht immer.
Außerdem vernetze ich mich mit Lesern und anderen Bloggern, z. B. auf Facebook, und nehme gerne und regelmäßig an Treffen und Konferenzen teil.

Worauf sollte man beim Schreiben von Posts achten?

Bleibe authentisch! Die Leser spüren es sofort, wenn sich der Autor verstellt und eine Rolle vorspielt. Es bringt gar nichts, sich ein Thema auszusuchen, das vielleicht gerade „in" ist, aber kein Herzblut dahinter steckt. Also: Suche dir ein Thema, zu dem du wirklich etwas zu sagen hast, und bleibe du selbst!

Dein Lebensmotto: Gesagt. Getan.

Wie viele Besucher hattest du bisher auf deinem Blog und wie viele Abonnenten?
Insgesamt hatte ich bis heute (Oktober 2013) 2.246.275 Seitenaufrufe, im Monat sind es momentan ca. 150.000 Aufrufe. Ich habe 2794 Facebook-Fans, 1905 Instagram-Follower, 2091 Google-Abonnenten und 637 Twitter-Follower.

Wie aktiv bist du in anderen Netzwerken?
Am intensivsten nutze ich Facebook und Instagram. Auf Twitter versuche ich zwar immer aktiv zu sein, das gelingt mir aber meist nur projektbezogen, also beispielsweise wenn ich auf Veranstaltungen und Events bin. Außerdem bin ich noch auf Pinterest unterwegs. Was ich bislang für mich noch gar nicht nutze, ist YouTube.

Verdienst du mit dem Blog Geld?
Mittlerweile verdiene ich durch Kooperationen mit Unternehmen ein kleines Taschengeld. Das funktioniert bei mir fast ausschließlich durch Produkttests und gesponserte Blogbeiträge. Wobei ich betonen möchte, dass ich stets meine eigene Meinung vertrete und Kooperationen schon im Vorfeld sehr sparsam, sorgfältig und passend zu mir und meinem Blog auswähle.

Welchen Rat kannst du den Leuten geben, die sich ein eigenes Blog einrichten möchten?
Schau dir Blogs an, die dir gefallen, mache dir Notizen, was du möchtest und dir wichtig ist, und das Wichtigste: Versuche deinen eigenen Stil zu finden und bleibe deiner Person treu – das werden auch die Leser merken.

Wie heißen deine drei liebsten Blogs und was gefällt dir besonders an ihnen?
Mir fallen auf Anhieb bestimmt zehn verschiedene Lieblingsblogs ein, aber besonders gefallen mir:
Les Tissus Colbert – Wunderschöne, absolut hochwertige Anleitungen und professionelle Fotos machen diesen Blog zu einer meiner Lieblingsseiten im Netz (lestissuscolbert.blogspot.de/).
Happily – Ein sehr fotolastiger Blog. Ich bin einfach verliebt in den Stil der Bilder und kann sie mir immer und immer wieder anschauen (happily.fr/).
Swig – Eine Filzerin aus Paris zeigt auf ihrer Seite ihre kleinen, unfassbar schönen Kunstwerke und teilt ihre Erlebnisse in der französischen Hauptstadt (swig-filz-felt-feutre.blogspot.de/).

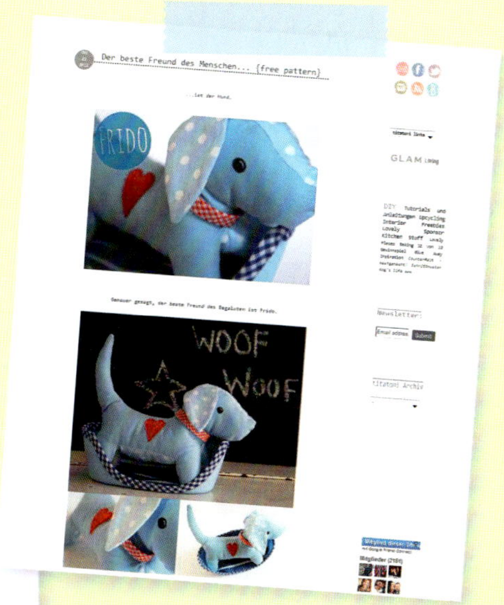

Bloggen mit WordPress

WordPress (wpde.org oder wordpress.org) ist ein kostenloses System, für das dein Server die Skriptsprache PHP erlauben und eine MySQL-Datenbank zur Verfügung stellen muss. WordPress lässt sich einfach installieren, und selbst wenn du kein Profi bist, kannst du es schnell und einfach einrichten. Mittlerweile hat sich auch eine riesige Entwicklergemeinde gefunden, die viele Plug-ins für WordPress bereitstellt. Bevor du mit der Installation beginnst, solltest du dir ein paar Dinge zurechtlegen: den FTP-Zugang zu deinem Webserver und die Zugangsdaten für deine MySQL-Datenbank. Diese bestehen aus dem Namen der Datenbank, dem Servernamen (oder Host) der Datenbank, einem Benutzernamen und einem Passwort.

Schritt 1: Dateien hochladen

Hast du dir WordPress in der deutschen Version heruntergeladen, entpackst du die ZIP-Datei einfach in einen Ordner. Danach verbindest du dich über dein FTP-Programm mit deinem Webserver. Schiebe nun einfach den WordPress-Ordner von deiner Festplatte in das Verzeichnis auf deinem Webserver, in dem du das Weblog installieren möchtest. Wir empfehlen dir, einen Unterordner anzulegen – in unserem Beispiel ist es der Unterordner buchblog.

Schritt 2: Setup aufrufen

WordPress benötigt im nächsten Schritt die Informationen zur MySQL-Datenbank, damit das Programm die Daten abspeichern kann. Das Weblog-System stellt ein praktisches Online-Setup zur Verfügung, mit dem du die Konfiguration direkt über deinen Browser erledigen kannst. Rufe dazu einfach den Ordner über deinen Browser auf, in den du die WordPress-Dateien geladen hast. Danach erscheint die Meldung: *Die Datei WP-CONFIG.PHP scheint nicht zu existieren. Sie wird aber benötigt, bevor wir mit der Installation beginnen können. Brauchst du weitere Hilfe?*

Bei WordPress Deutschland findest du eine deutschsprachige Anleitung. Eine englischsprachige Anleitung findest du bei WordPress.org. Du kannst die Datei WP-CONFIG.PHP auch online erstellen, das funktioniert jedoch nicht mit allen Servern. Die sicherste Methode ist es, die Datei manuell zu erstellen.

Du wirst also aufgefordert, eine Datei WP-CONFIG. PHP zu erstellen. Das übernimmt für dich das Online-Setup. Klicke einfach auf den Link *wp-config.php* hier online erstellen. Jetzt steht der folgende Text in deinem Browser:

Sorry, dieses Verzeichnis ist nicht beschreibbar. Du wirst entweder die Schreibrechte deines WordPress-Verzeichnisses ändern oder deine wp-config.php manuell erstellen müssen.

Keine Panik – das ist völlig korrekt. Bisher haben wir die Dateien lediglich hochgeladen. Da die Dateien jedoch wie kleine Programme arbeiten, brauchen sie bestimmte Rechte. Damit du einzelne Dateien ergänzen oder verändern kannst, müssen wir Schreibrechte auf deinem Webserver vergeben, und das kannst du einfach mit deinem FTP-Programm erledigen. Mit FileZilla brauchst du zum Beispiel nur mit der rechten Maustaste auf den Ordner auf deinem Webserver zu klicken, in den du WordPress geladen hast, und dann auf den Menüpunkt *Dateiattribute* gehen.

Du siehst nun ein Fenster, in dem du Besitzerberechtigungen, Gruppenberechtigungen und Öffentliche Berechtigungen einstellen kannst. Setze einfach überall ein Häkchen, damit WordPress die WP-CONFIG.PHP in diesem Ordner anlegen kann. Und wo du schon dabei bist, die Dateirechte für deinen Weblog-Ordner zu vergeben, kannst du auch noch die Rechte für den Upload-Ordner vergeben. Sonst kannst du später zum Beispiel keine Bilder hochladen. Gehe dazu in den Ordner WP-CONTENTS, der sich in deinem Weblog-Ordner befindet, und lege dort den Ordner UPLOADS an. Gib dem Ordner UPLOADS ebenfalls alle Rechte, indem du in den Dateiattributen alle Häkchen aktivierst. Jetzt kannst du zur Fehlermeldung im Online-Setup zurückkehren und die Seite neu laden – fertig.

Schritt 3: MySQL-Daten eingeben

- Name der Datenbank

- Benutzername

- Passwort der Datenbank

- Datenbank-Host (MySQL-Serveradresse)

- Tabellen-Präfix (WordPress legt in deiner Datenbank verschiedene sogenannte Tabellen an. Falls du die Datenbank auch für andere Dinge benutzen willst, zum Beispiel für eine weitere Installation von WordPress in einem anderen Verzeichnis, lohnt es sich, ein Präfix für alle Tabellen anzugeben, zum Beispiel blogbuch_.

Wenn du die Daten eingetragen hast, klicke auf *Absenden.* Das Online-Setup überprüft deine Angaben, und wenn sich eine Verbindung zur Datenbank herstellen lässt, geht es zum nächsten Schritt.

Schritt 4: Setup vervollständigen

Es erscheint die Meldung:

Alles klar! Du bist durch den wichtigsten Teil der Installation gekommen. WordPress kann nun mit deiner Datenbank kommunizieren. Wenn du fertig bist, starten wir die Installation!

Klicke auf *Starten wir die Installation,* und in der nächsten Ansicht wirst du nach einem Blog-Titel und deiner E-Mail-Adresse gefragt. Trage hier deine Informationen ein und klicke anschließend auf *Weiter mit Schritt 2.* WordPress speichert nun alle Informationen ab und generiert dir die Zugangsdaten für deinen Admin-Zugang. Dieser wird auf der nächsten Seite, direkt nach der Meldung, dass dein Weblog erfolgreich installiert worden ist, angezeigt. Notiere dir diese Daten, denn du brauchst sie, wenn du dich das erste Mal in WordPress einloggen wirst.

Schritt 5: In WordPress einloggen

Für das erste Login brauchst du nur auf den Link unter der Login-Adresse zu klicken (wp-login.php). Später erreichst du WordPress über den Unterordner /WP-ADMIN/, in unserem Beispiel über http://www.blog-buch.de/buchblog/wp-admin/.

Schritt 6: Einstellungen ändern

Mit WordPress kannst du zahlreiche Einstellungen vornehmen. Schaue dich einmal unter dem Punkt *Einstellungen* um. Du gelangst zunächst in die Ansicht *Allgemeine Einstellungen.* Hier kannst du nachträglich den Blog-Titel und die zweite Unterschrift festlegen. Außerdem kannst du festlegen, welche Regeln für Kommentare auf deiner Webseite gelten und ob du per E-Mail über einen neuen Kommentar informiert werden möchtest. Auf jeden Fall solltest du das Passwort zu deinem Account ändern: Du kannst eins wählen, das du dir leichter merken kannst. Gehe dazu auf den Link *Benutzer* und wähle dann deinen Account aus.

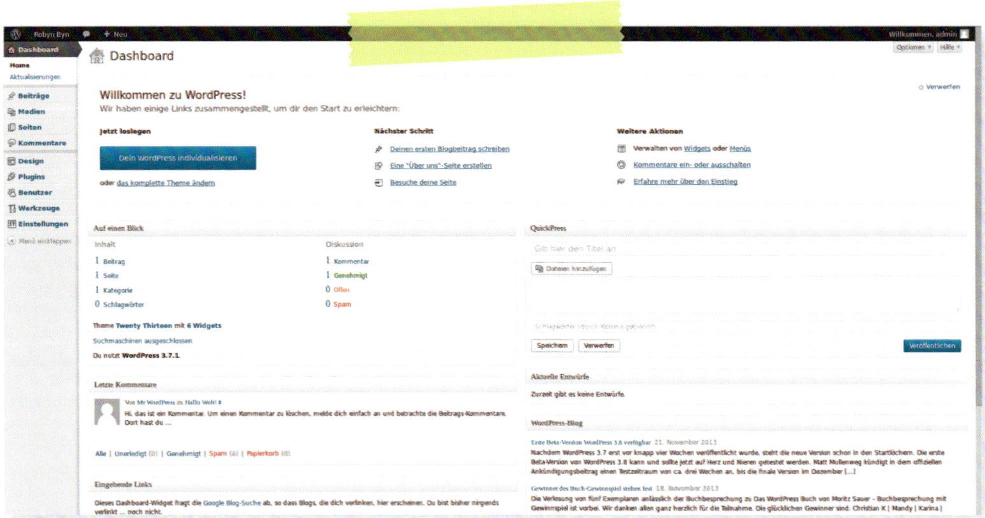

Schritt 7: Weblog besuchen

Du kannst in deinem Browser nun entweder die Adresse zu deinem Weblog per Hand eingeben. http://www.blog-buch.de/buchblog/ wäre das in unserem Beispiel. Oder du rufst aus WordPress heraus dein Blog auf. Klicke dazu auf den Link *Site ansehen*. Dieser befindet sich neben dem Titel in der Kopfzeile. Wenn du jetzt einen Blick auf dein Weblog wirfst, findest du bestimmt einige Dinge, die du verändern möchtest. Der Untertitel zu deinem Weblog heißt zum Beispiel standardmäßig *Ein weiteres tolles WordPress-Blog*. Außerdem gibt es nicht nur deinen Weblog-Eintrag, sondern auch einen Eintrag *Hallo Welt!* Vielleicht möchtest du auch andere Webseiten in deiner Blogroll verlinken.

• Um den Untertitel zu ändern, gehe in den Bereich *Einstellungen* in WordPress. Direkt in der Ansicht *Allgemein* kannst du ihn ändern.

• Um den Eintrag *Hallo Welt!* zu löschen, gehe in den Bereich *Verwalten*. Du siehst ihn direkt in der Liste mit deinen Weblog-Einträgen. Klicke auf den nebenstehenden Link *Löschen*, und schon entfernt WordPress diesen Text.

• Um andere Webseiten in deiner Blogroll zu verlinken, wähle im Hauptmenü *Links* aus. Hier kannst du Webseiten hinzufügen und auch wieder entfernen.

Jetzt hast du deine ersten Schritte mit WordPress gemacht. Es gibt noch viel mehr zu entdecken. Viele Plug-ins erweitern den Funktionsumfang dieser Software. Es gibt viele Layouts, die du einfach einbinden kannst. Dazu lassen sich im Internet gute Hilfen im Umgang mit WordPress finden. Du wirst merken: WordPress ist ein gutes Programm, um im Internet zu veröffentlichen.

Einen Blogeintrag veröffentlichen

Nach dem Login gelangst du zur sogenannten Tellerrand-Ansicht. Hier gibt es Neuigkeiten zu WordPress, aber auch Links zu Aktionen, die du vornehmen kannst. Klicke einfach auf *Schreiben*. Es öffnet sich die Ansicht *Beitrag erstellen*. Hier kannst du einen neuen Beitrag verfassen, indem du einen Titel auswählst und dann unter *Beitrag* deinen Text eingibst. Über dem Textfeld sind verschiedene Buttons. Diese kommen dir bestimmt bekannt vor: Sie sehen aus wie in Word oder jeder anderen Textverarbeitung. Sie haben auch die gleichen Funktionen: Mit diesen Buttons kannst du deinen Text formatieren, verlinken und verändern. Bist du fertig, klicke auf *Veröffentlichen*. Dein Text steht jetzt in deinem Weblog.

Vielleicht wartest du aber noch einen Moment, bis du deinen Text veröffentlichst. Schaue dir noch einmal in Ruhe die unterschiedlichen Bereiche auf diesem Bildschirm an.

Der Artikel-Bereich verfügt nicht nur über das Textfeld für deinen Beitrag, sondern bietet dir auch die Möglichkeit, Bilder, Sounds oder Videos einzubinden. Neben *Dateien hinzufügen* findest du Icons, die es dir ermöglichen, Dateien von deiner Festplatte auszuwählen und auf den Webspeicherplatz zu laden. Bereits hochgeladene Dateien kannst du auch aus einer Medienbibliothek auswählen und in deinem Text positionieren. Wenn du Lust hast, die Formatierungen im Text per Hand, also mit HTML-Befehlen, zu verändern, dann kannst du den Modus wechseln. Es gibt den Visuell-Modus und den HTML-Modus. Standardmäßig ist *Visuell* ausgewählt, wenn du aber auf *HTML* klickst, verändert sich der Fließtext: Die Formatierungen werden entfernt, stattdessen erscheinen die HTML-Befehle. Wenn du deine Änderungen testen möchtest, kannst du wieder zurück in den Visuell-Modus wechseln, dann werden die neuen Befehle gleich umgesetzt.

Der Tag-Bereich gibt dir die Möglichkeit, Schlagworte zu vergeben. Mit „tags" werden im englischen Etiketten bezeichnet, die an irgendetwas angehängt werden. In diesem Fall sind das die Etiketten für deinen Text. Schreibst du zum Beispiel über deinen Nähkurs im Sommer auf einer spanischen Finca, könntest du folgende Schlagworte wählen:

urlaub, spanien, sommer, finca, nähkurs, nähen

Die Schlagworte werden in der Regel durch ein Komma getrennt und kleingeschrieben. Du kannst dir im Blog alle Einträge anzeigen lassen, die einem bestimmten Schlagwort zugeordnet sind.

Im Kategorien-Bereich kannst du jeden Beitrag einer oder mehreren Kategorien zuordnen. Entweder setzt du das Häkchen bei einer existierenden Kategorie oder du legst direkt eine neue an.

Im Bereich der erweiterten Einstellungen kannst du noch erweiterte Einstellungen vornehmen, die nur für diesen Text gelten. So kannst du den Text mit einem Passwort schützen oder einstellen, ob Kommentare geschrieben werden dürfen, oder andere Blogs einen Trackback auf den Text setzen können. Außerdem kannst du noch benutzerdefinierte Felder ausfüllen. Wenn du zum Beispiel neben dem Text und dem Titel noch ein weiteres Feld benötigst, kannst du hier ein weiteres Feld hinzufügen. In den Templates kannst du dann die Ausgabe von diesem Feld regeln.

Die Status-Box regelt, ob der Text im Blog ausgespielt wird oder nicht. Je nachdem, wie du den Status setzt, wird der Text veröffentlicht oder noch als Entwurf in WordPress gespeichert. Klickst du auf den Button *Speichern,* wird der Text gespeichert. Klickst du aber auf *Publizieren,* wird der Status auf *Veröffentlicht* gesetzt, und der Beitrag wird sofort im Blog sichtbar sein. In diesem Bereich kannst du auch den Zeitstempel des Beitrags verändern. Klickst du auf *Bearbeiten* neben *Sofort publizieren,* kannst du auch ein Datum in der Zukunft eintragen. Dann bleibt der Text so lange versteckt, bis das Datum erreicht ist. Datierst du deinen Text zurück, dann wird der Text entsprechend hinter ältere Beiträge einsortiert, die einen neueren Zeitstempel haben.

Das Design verändern

Das Aussehen deines Blogs wird durch eine Reihe von Templates bestimmt. Das sind die sogenannten Theme-Dateien. Eine Gruppe dieser Dateien ergeben ein Theme. Du kannst verschiedene Themes in deinem System verwalten, aber immer nur eins wird aktiv genutzt. Wenn du auf den Hauptpunkt *Design* klickst, kannst du zunächst auswählen, welches Theme du aktuell bearbeiten möchtest. Anschließend gelangst du zum Theme-Editor. Hier kannst du in einem großen Textfeld direkt die Quelldateien bearbeiten oder ein anderes Template aus der Liste mit den Theme-Dateien auswählen.

Fällt dir auf dem Bild etwas auf? Es gibt keinen Button, um die Änderungen abzuspeichern! Stattdessen findest du an der Stelle den Hinweis *Um diese Datei zu ändern, muss sie vom Server beschreibbar sein.* Du musst mit deinem FTP-Programm die Rechte auf alle diese Dateien setzen.

Gehe dazu in den Ordner WP-CONTENT/THEMES/NAME DES THEMES/ und markiere alle Dateien. Setze die Rechte auf 777 – mit FileZilla brauchst du zum Beispiel nur mit der rechten Maustaste auf die Dateien auf deinem Webserver zu klicken und dann auf den Menüpunkt *Dateiattribute* zu gehen. Sind die Rechte gesetzt, kannst du direkt loslegen, die Templates zu verändern. Aber Vorsicht: Die Änderungen sind sofort im Blog sichtbar.
Unter wordpress.org findest du in der Rubrik *Extend* ganz viele fertige Themes zum Download. Diese Vorlagen kannst du einfach in den Ordner THEMES laden, und sofort stehen dir diese Vorlagen in WordPress zur Verfügung.

Ein Plug-in installieren

Plug-ins sind Miniprogramme, die die Funktionalität von WordPress noch erweitern. Viele WordPress-Nutzer, die eine bestimmte Funktion vermisst haben, programmierten sie sich einfach selber und stellten sie auch anderen WordPress-Nutzern zur Verfügung. Ohne Programmierkenntnisse kannst du diese Plug-ins benutzen. Wir zeigen dir an dem Beispiel mit dem Plug-in *Get Recent Comments*, wie du ein Plug-in selber einrichten und nutzen kannst. Diese Schritte kannst du aber auch auf die meisten anderen Plug-ins übertragen.

Schritt 1: Plug-in besorgen

Auf wordpress.org findest du im Bereich *Extend* einen großen Katalog mit vielen Plug-ins. Suche dort nach dem Plug-in *Get Recent Comments.* Dieses Plug-in erzeugt eine Liste mit den neuesten Kommentaren von deinen Lesern. Dann kannst du auf der Startseite deines Blogs sehen, über welche Beiträge zurzeit in deinem Blog diskutiert wird. Jedes Plug-in hat eine eigene Seite, auf der es Informationen zu den Funktionen und zu der Installation gibt. Klicke auf den Button *Download,* und schon wird ein Zip-Archiv auf deiner Festplatte gespeichert.

Schritt 2: Plug-in hochladen

Hast du dir das Plug-in heruntergeladen und entpackt, hast du einen Ordner GET-RECENT-COMMENTS auf deiner Festplatte erstellt. Öffne nun dein FTP-Programm und wechsele auf dem Webserver in den Ordner WP-ADMIN und hier in den Unterordner WP-CONTENT. Darin befindet sich ein weiterer Unterordner PLUGINS. Kopiere den Ordner GET-RECENT-COMMENTS in genau diesen Ordner.

Schritt 3: Plug-in aktivieren

Nachdem der Upload abgeschlossen ist, musst du *Get Recent Comments* nur noch einbinden. Logge dich dazu in die Administration von WordPress ein und wähle in der Hauptnavigation den Punkt *Plug-in* aus. Du erhältst nun eine Tabelle mit Plugins in alphabetischer Reihenfolge. Klicke in der Get *Recent Comments*-Zeile in der Aktions-Spalte auf *Aktivieren.* WordPress hat nun das Plug-in in das eigene System eingebunden, und die Installation ist abgeschlossen.

Schritt 4: Plug-in konfigurieren

Wähle nun den Bereich *Einstellungen* aus, und dort findest du in der Navigation den Menüpunkt *Recent Comments.* Hier kannst du zahlreiche Einstellungen vornehmen. Lies dir die

Beschreibungen durch und stelle das Plug-in so ein, wie du es gerne hättest. So kannst du zum Beispiel entscheiden, wie viele neue Kommentare angezeigt werden sollen und ob diese pro Text gruppiert werden sollen.
Jetzt musst du noch dafür sorgen, dass die Liste mit den neuesten Kommentaren auch tatsächlich im Blog erscheint.

Schritt 5: Plug-in in den Templates hinzufügen

Hier gibt es zwei Möglichkeiten. In den Einstellungen von *Get Recent Comments* gibt es einen *Instructions*-Bereich. Dort steht dieser Vorgang genau erklärt. Im Grunde gibt es aber zwei Möglichkeiten. Einmal kannst du einen Code an die entsprechende Stelle in den Templates kopieren (siehe vorherigen Abschnitt über das Design), oder du nutzt die Widgets. Das sind kleine automatische Schnipsel, mit denen du das Aussehen deiner Seitenspalte (Sidebar) im Blog steuern kannst, ohne auch nur einen Code anzupacken. Gehe dazu in den Bereich *Design* und wähle dann *Widgets* aus. Der Bildschirm ist in zwei Spalten gegliedert. In der linken Spalte werden die verfügbaren Widgets angezeigt, und in der rechten Spalte werden alle momentan benutzten Widgets aufgelistet. Per Drag-and-Drop kannst du die Widgets von der linken in die rechte Spalte ziehen und dort auch die Reihenfolge ändern. Klicke auf *Änderungen speichern,* und schon ist das Widget eingebunden. Gehe nun auf die Startseite deines Weblog, und du siehst in der rechten Spalte eine Liste mit den neuesten Kommentaren. Wenn dein Blog noch nicht befüllt ist, wird zumindest der Standardkommentar gelistet, der zu dem ersten WordPress-Eintrag gehört.

Microblogging

Über die Jahre sind die Blogsysteme enorm gewachsen! Es gibt viele, viele Funktionen. Von Multi-User-Rechtemanagement bis hin zu RSS-Feeds für Kommentare, von Galerietools bis hin zu Besucherstatistikanalysen. Aus den simplen Tools, um Texte einfach im Netz publizieren zu können, sind richtige Content-Management-Systeme entstanden. Einigen Bloggern ist das schon zu viel. Hier ist eine kleine Gegenbewegung entstanden, die auf Microbloggen schwört. Du lernst jetzt zwei Anwendungen kennen, die von Vertretern dieser Bewegung gerne genutzt werden; manchmal als Ergänzung zu einem bestehenden Blogprojekt, oft aber auch gänzlich als Alternative.

Twitter.com

Twitter ist bloggen in 140 Zeichen. Twitter versendet nur Texte. Keine Bilder, keine Videos, nur Texte. Streng genommen, ist Twitter keine Blogplattform, sondern ein soziales Netzwerk, welches aus unendlich vielen Kurznachrichten zwischen seinen Mitgliedern besteht. Eigentlich ist Twitter nur ein Abfallprodukt der Firma gewesen, bei der auch Gründer von blogger.com arbeiten. Die Programmierer selbst waren vom Erfolg überrascht: Sie hatten mit ihrem Konzept den Nerv der Zeit getroffen.

Die kurzen Nachrichten werden als „Tweets“ bezeichnet. Nach deinem Login wirst du gefragt, was du machst – es folgt das Textfeld für deine 140 Zeichen. Klickst du auf *Update,* wird dein Tweet zu deinem Zeitstrahl hinzugefügt. Der aktuellste Tweet stellt deinen aktuellen Status dar, der auch unter *Current* angezeigt wird. Deine Freunde empfangen auch deine Tweets. In ihrem Zeitstrahl sehen sie nicht nur ihre neuesten Nachrichten, sondern auch die ihrer Freunde. In deinem Zeitstrahl siehst du ebenfalls die Nachrichten deiner Freunde. So bist du immer informiert über die Gedanken und Aktionen, die gerade getwittert worden sind. Du kannst einzelne Twitter-User auch direkt adressieren, indem du ihrem Usernamen ein @ voranstellst und sie innerhalb deiner Nachricht anschreibst. Diese Nachricht erscheint dann auch in ihrem Zeitstrahl. Ruft man einen anderen Nutzer auf, kann man seine Tweets lesen und ihm auch folgen – also „followen“. Ab sofort erscheinen seine Updates im eigenen Zeitstrahl. So entsteht ein großes Geflecht an kurzen und direkten Kommunikationswegen. Nachrichten können sich so rasant verbreiten. In der Seitenleiste kannst du sehen, wie vielen anderen Nutzern man folgt (follow) und wie viele andere Nutzer den eigenen Tweets folgen (followers).
Die Frage nach dem Sinn von Twitter ist noch nicht geklärt.

Die Phase des Hypes hat der Dienst dafür aber schon längst überschritten. Viele suchen jedoch noch nach dem Sinn, andere nutzen den Dienst einfach. Die Macher erklären, dass Twitter sich für das Senden von Nachrichten lohnt, für die man nicht einfach mal bei seinen Freunden anrufen würde oder eine SMS schicken mag. Wer twittert, gleich spontan in die Stadt zu fahren, kann sich spontan auf einen Kaffee verabreden mit Freunden, die das lesen und Lust haben. Das fördert die Gelegenheitskommunikation. Selbstständige und Homeoffice-Arbeiter schätzen Twitter als Flurfunkersatz; es werden genauso wichtige kleine Informationshäppchen verbreitet wie bei der Kaffee- und Zigarettenpause. Aber genauso wird gelästert und rumgeulkt. Twitter schafft so Nähe zu anderen. Einige kritisieren Twitter, da es die Informationsflut verstärkt; vor allem scheinbar unrelevante Infos werden massig getwittert.

Tumblelogs am Beispiel von Tumblr.com

Als Tumblelogs werden Blogs bezeichnet, die statt auf lang verfasste Texte auf kurze Postings setzen, die je nach Typ unterschieden werden. Texte, Links, Fotos, Zitate, Dialoge, Audios und Videos können simpel eingebunden werden. Jeder Typ wird im Blog anders dargestellt, sodass Tumblelogs die Anmutung eines Notizbuches haben.

Das bekannteste System ist tumblr.com. Hier kannst du dich kostenlos registrieren und direkt loslegen mit dem Bloggen. Mein privates Tumblelog findest du unter fiene.tumblr.com. Hier kannst du einige Eindrücke sammeln. Wenn du dich einloggst, hast du Zugriff auf ein eigenes Dashboard. Von dort kannst du einen neuen Eintrag schreiben. Hierzu wählst du aus, welche Form dein Eintrag haben soll. Unter den Typen befinden sich die neuesten Beiträge von anderen Tumblelog-Nutzern, die du interessant findest und als Freunde markiert hast.

Einige wesentliche Funktionen von normalen Blog-Systemen fehlen: Du wirst keine Kommentarfunktion für deine Leser finden, genauso wenig wie Kategorien oder Trackbacks. Die Macher setzen auf die Einfachheit des Systems. Die Standardsysteme sind so komplex geworden, dass kleine Texte oder Bilder nicht mehr ohne großen Aufwand veröffentlicht werden können. Tumblelogs lassen dich einfach und schnell Geschichten ins Internet stellen, egal wie klein sie sind. Diese Übersichtlichkeit wird von vielen Tumblelognutzern sehr geschätzt.

Blog-Tuning

Die Pflicht ist getan: Du kennst nun die interessantesten und wichtigsten Blogs im Netz, weißt, was der Begriff des „Blogs“ technisch umfasst, und du weißt auch, wie du dein eigenes Blog an den Start bringst. Was nach der Pflicht folgt, ist die Kür, und die wollen wir dir in diesem Kapitel ans Herz legen. Wir werden dir später zeigen, wie du zum Beispiel Videos, Fotos oder interessante Links ideal in dein Blog einbinden kannst. Zuvor soll es aber um die Themen Besucherpflege und guter Ton gehen. Wir zeigen dir, wie du dein Blog zu einem Platz machst, der zum Verweilen einlädt, und welche Regeln du beim Bloggen beachten solltest.

Besucherpflege und guter Ton

Aufmerksamkeit ist ein rares Gut im Netz. Der wirklich passionierte Leser hat Dutzende Blogs per RSS-Feed abonniert und stößt jeden Tag auf noch mehr davon. Er liest einen Post und vergisst wenig später schon wieder, wo er ihn gelesen hat. Um aber die Besuchertreue in die Höhe zu treiben, wollen wir dir an dieser Stelle ein paar Möglichkeiten zur Besucherpflege zeigen. Die meisten dieser Punkte basieren auf Erfahrungswerten, und es lohnt sich, sie von Zeit zu Zeit wieder durchzulesen, um daran erinnert zu werden. Jeder freut sich, wenn er weiß, wo er gerade ist – und genau deshalb solltest du deinen Besuchern die Möglichkeit zur Orientierung geben. Eine Seite mit dem Titel *Über mich* wäre eine Möglichkeit. Wenn du nicht exhibitionistisch genug veranlagt bist, eine ganze Seite mit Infos zu füllen, reicht zum Beispiel auch ein kurzer Absatz in der Sidebar deines Blogs.

Gute Artikel verschwinden zu schnell im Archiv – und genau deshalb solltest du sie wieder dort herausholen. Es ist sinnvoll, dass die Blog-Systeme all deine Artikel in Monats- und Jahresarchive packen. Aber angenommen, ein Nutzer kommt wegen eines interessanten Artikels über die Musik von James Blunt auf deine Seite – warum verlinkst du in diesem Artikel nicht alle anderen, die du schon über James Blunt geschrieben hast oder in denen es um ähnliche Musik geht? Besucher erhalten so schneller einen Eindruck von dir, und die Seite bleibt ihnen besser im Gedächtnis. Es gibt übrigens auch Plug-ins, die automatisch die beliebtesten Postings ausgeben.

Außergewöhnliches Design fällt auf – und genau deshalb solltest du dir ein solches zulegen. Nichts, was nur so blinkt und schreit, aber eins, das nicht alltäglich ist und bei dem sich die Besucher gut aufgehoben fühlen. Dazu gehören zum Beispiel ruhige Farben, eine angenehme und ausreichend große Schriftart und klare Linien, sodass sich jeder Besucher direkt zurechtfindet. Du bist vielleicht kein Webdesigner, aber sobald du die Möglichkeit hast, solltest du die Standard-Designs, die dir viele Blog-Systeme zur Verfügung stellen, hinter dir lassen und ein eigenes Design schaffen.

Große Nachrichten machen schnell die Runde, gerade in der Blogosphäre – und genau deshalb solltest du dir zweimal überlegen, ob alles sitzt, bevor du auf den Button *Veröffentlichen* klickst. Dank der RSS-Feeds sind andere Blogger schnell informiert und könnten deinen Text weiterverbreiten. Bevor du also angeschwipst irgendwas in die Tasten haust – schlaf lieber noch einmal eine Nacht drüber.

Andere Blogger freuen sich auch über Aufmerksamkeit – und genau deshalb gehört es zum guten Ton, Quellenangaben auch zu verlinken. Du zitierst aus oder beziehst dich auf eine andere Website? Dann verlinke sie! Beziehst du dich auf eine Seite mit zweifelhaftem Inhalt, zum Beispiel dann, wenn es ums Thema Spam geht, steht dir das sogenannte Nofollow-Attribut zur Verfügung. Aus einem <a href=”http://www.blogbuch.de”>Blog-Buch</a> kannst du zum Beispiel ein <a href=http://www.blog-buch.de rel=”nofollow”>Blog-Buch</a> machen und sorgst dafür, dass Suchmaschinen diesen Link nicht mit einbeziehen, wenn sie die Beliebtheit der Website dieses Buches messen.

Wer gelesen wird, sollte lesen – und genau deshalb solltest du auch deine Kommentare in anderen Blogs hinterlassen. Natürlich gilt hier: Du solltest nur etwas sagen, wenn du etwas zu sagen hast. Kurze Kommentare ohne großen Inhalt werden in der Blogosphäre äußerst kritisch beäugt – schließlich könnte es ja sein, dass du gar nichts sagen möchtest, sondern nur den Link zu deinem eigenen Blog bekannt machen möchtest. Das sehen andere Blogger gar nicht gern.

Aus den Augen, aus dem Sinn – und genau deshalb solltest du regelmäßig bloggen. Irgendwann ist dein RSS-Feed sonst leer, und Nutzer, die ihn abonniert haben, könnten sonst denken, dass du aus dem Kreise der aktiven Blogger verschwunden bist. Also gib ihnen ganz einfach keinen Anlass dazu! Aber natürlich heißt regelmäßig nicht zwangsläufig jeden Tag – zwei- bis dreimal die Woche sollte es aber schon sein.

Kunst geht vor Kommerz – und genau deshalb solltest du den Fokus auf die Inhalte legen. Klar, die Optimierung, was Suchmaschinen (SEO) und mehr angeht, ist wichtig. Aber sobald deine Website auch genau danach aussieht, als hättest du es nur auf hohe Besucherzahlen abgesehen, schrecken viele Besucher schon schnell zurück.

Die großen Blogger sind mit ihren Inhalten bekannt geworden und nicht mit Flächen für Werbung oder lauter Stichworten, mit denen sie Besucher aus den Suchmaschinen auf ihre Seiten locken wollen.
Weniger ist mehr – und genau deshalb solltest du die Besucher nicht mit zu viel Unsinn überfordern. Lauter kleine Links, blinkende und farbige Buttons und eingebaute Wetteranzeigen und mehr überfordern den Besucher. Räum auf!

Frage dich: Was davon benutzt du wirklich? Was davon benutzt dein Besucher wirklich? Musst du zum Beispiel zu wirklich jedem Social-Bookmarking-Dienst einen Link setzen? Oder reichen zwei große wie delicious und Mister Wong?
Deutsche Sprache, schwere Sprache – und genau deshalb solltest du dich an ihre Regeln halten. Nichts ist schlimmer, als ein verquer getippter Text voller Fehler, und niemand ist kritischer als die deutschen Nutzer. Wenn ihnen in Online-Diskussionen die Argumente ausgehen, zielen sie manchmal auf die Rechtschreibfehler ihrer Vorredner. Das ist zwar auch nicht schön, aber ein bisschen auf die Sprache zu achten, gehört schon dazu.

Interessante Dienste

Interessant wird es beim Bloggen, wenn Plug-ins und zusätzliche Dienste mit ins Spiel kommen. Einige Plug-ins für WordPress haben wir schon vorgestellt. In diesem Kapitel soll es um die Dienste Twitter, Flickr, delicious, YouTube und FeedBurner gehen, die viele Blogger nutzen, weil sie zum Beispiel den Umgang mit Fotos, Videos und Linktipps im eigenen Blog erleichtern. Schnittstellen dieser Dienste machen es dir sehr leicht, sie auch in deinem eigenen Blog zu integrieren.

An dieser Stelle werden dir nur die bekanntesten Dienste vorgestellt, die es zu großen Namen gebracht haben. Natürlich gibt es viele Ableger, die zum Teil mit weiteren Funktionen glänzen – auch diese solltest du dir in Ruhe anschauen, bevor du dich für einen bestimmten Dienst entscheidest. Für Videos kann dir auch sevenload (de.sevenload.com), für Fotos Picasa (picasa.google.com), für Links getpocket (getpocket.com) und für deinen RSS-Feed Pipes (pipes.yahoo.com) empfohlen werden. Mit Twitter, Flickr, delicious, YouTube und FeedBurner machst du aber schon allein deshalb nichts falsch, weil die meisten Nutzer Mitglieder dieser Dienste sind.

Twitter

Das Jahr 2007 hat einen neuen Wahn im Web 2.0 hervorgebracht. Der Name: Twitter (twitter.com), was so viel heißt wie „Zwitschern“. Twitter ist ein Service für Freunde, Familie und Kollegen, der es ermöglicht, miteinander in Kontakt zu bleiben, und zwar durch kurze, immer neue Antworten auf eine einfache Frage: Was machst du gerade?

Das ist die offizielle Beschreibung der Twitter-Macher für ihren Dienst, und tatsächlich besteht die Website, wenn du dich registriert hast, aus nicht viel mehr als dieser Frage und einem Eingabefeld für 140 Zeichen. Das Ergebnis sind unzählige Nachrichten der Nutzer, die auf den ersten Blick völlig überflüssige Informationen enthalten.

Interessant wird es, wenn du dir anschaust, von wo aus du deinen eigenen Account mit Nachrichten, den sogenannten Updates, füttern kannst – und wo du diese Updates am Ende überall verteilen kannst. Doch von Anfang an.

Registrieren bei Twitter kannst du dich ganz einfach mit einem Benutzernamen, deiner E-Mail-Adresse und einem Passwort. Wenn du später twitterst, kannst du dir aussuchen, ob nur deine Bekannten deine Updates lesen können oder wirklich alle. Die Bekannten kannst du deinem Twitter-Netzwerk direkt beim Registrieren hinzufügen: Twitter kann automatisch die E-Mail-Adressen in deinem Adressbuch daraufhin überprüfen, ob deren Besitzer auch angemeldet sind.

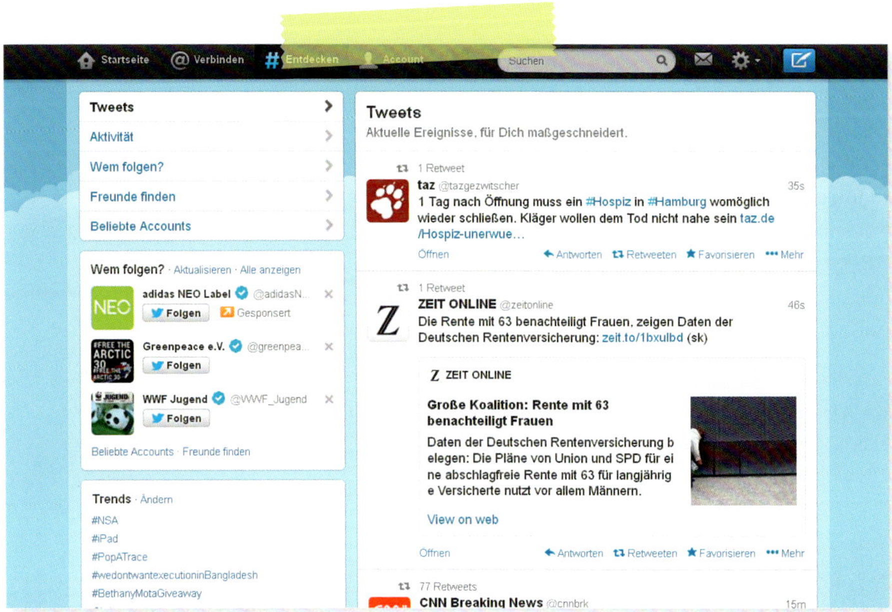

Twittern kannst du nun direkt über die Website. Du kannst dafür aber auch dein Handy nutzen und per SMS Updates abschicken. Twitter nimmt außerdem Updates über verschiedene Miniprogramme an, genauso über Instant Messenger wie ICQ, AIM oder Google Talk. Auch für deinen Facebook-Account gibt es ein eigenes Plug-in; deine aktuellen Updates werden dadurch in deinem Facebook-Profil angezeigt, und du kannst auch über Facebook twittern. Kurzum lässt sich sagen: Twittern lässt sich im Grunde überall und von fast jedem Gerät aus.

Updates empfangen deine Freunde oder alle anderen, indem sie deinen RSS-Feed abonnieren – so wie wir es dir auch schon zum RSS-Feed zu deinem Blog erklärt haben. Du kannst bei Twitter außerdem deine Handynummer hinterlegen, und schon wirst du per SMS über neue Nachrichten informiert. Es gibt außerdem die Möglichkeit, auf deiner Website eine sogenannte „Badge“ zu installieren, ein kleines, gelbes Quadrat, in dem deine aktuellen Twitter-Updates angezeigt werden.

Twitter lässt sich als Nachrichtenfeed nutzen. Du kannst deinem Netzwerk in Twitter zum Beispiel Nachrichtendienste wie stern.de oder BBC hinzufügen. Auch diese twittern ihre Neuigkeiten. Du brauchst die RSS-Feeds dieser Dienste damit nicht mehr einzeln zu abonnieren, sondern brauchst dazu nur deinen Twitter-Feed.

Twitter lässt sich für Projekte nutzen. Alle Beteiligten an einem Projekt können ihren eigenen Stand der Dinge twittern – und schon werden alle anderen Beteiligten informiert, wie es zurzeit aussieht. Haben alle bei Twitter ihre Handynummer hinterlegt, kannst du mit einem einfachen Twitter-Update auch alle Beteiligten kostenlos per SMS über wichtige Dinge informieren.

Twitter lässt sich nutzen, um Experten zu suchen. Du arbeitest als Programmierer und suchst jemanden, der sich zum Beispiel mit PHP und MySQL auskennt? Dann lautet deine Antwort auf die Frage *What are you doing?: Ich suche jemanden, der für mich in PHP eine SQL-Datenbankapplikation schreiben kann. Bitte meldet euch!* Den Möglichkeiten, die du mit Twitter hast, sind also keine Grenzen gesetzt.

Für dein Blog sehr wichtig: Du kannst über die Twitter-Badge hinaus deine Updates auch direkt in dein Blog einbinden – als eigene Postings. Dafür gibt es für die Software deiner Wahl etliche Plug-ins. Für WordPress können wir dir zum Beispiel die Twitter-Tools von Alex King empfehlen (alexking.org/projects/wordpress), für Movable Type MT-Twitter von Brandon Fuller (brandon.fuller.name/archives/hacks/mttwitter/).

Flickr

Die Foto-Community Flickr (flickr.de) wurde 2004 an den Start gebracht und im Jahr danach von Yahoo! übernommen. „To flick through something" heißt so viel wie „etwas durchblättern", und genau darauf ist Flickr auch aus: Du kannst bei dem Dienst deine Fotos hochladen und mit kurzen Kommentaren und Schlagworten, den sogenannten Tags, versehen.

Du kannst dabei auswählen, ob die Fotos für alle sichtbar sein sollen oder nur für bestimmte Nutzer, zum Beispiel deine Freunde.

Zum Upload gibt es zunächst wie bei Twitter die Möglichkeit, deinen Flickr-Account über die Website, per E-Mail oder Handy zu füttern. Außerdem gibt es zahlreiche Miniprogramme für deinen Computer, mit denen du Fotos hochladen kannst. Für Bilddatenbanken wie iPhoto auf dem Mac gibt es zusätzlich eine Reihe von Plug-ins, mit deren Hilfe du Fotos mit nur einem Klick online stellen kannst. Wichtig bei Flickr: Du kannst pro Monat nur bis zu 100 MB hochladen – so viel bietet dir der kostenlose Account. Wenn du auf der Suche nach unbegrenztem Speicherplatz bist, musst du 25 US-Dollar pro Jahr hinlegen – was theoretisch ja auch noch zu verkraften ist.

Fotos abonnieren kannst du wie gewohnt per RSS-Feed über deinen Feedreader. Du kannst so die Fotos einzelner Flickr-Nutzer beobachten, zum Beispiel wenn es Bekannte von dir sind, oder du kannst alle Fotos mit bestimmten Tags per RSS-Feed abonnieren. Wenn du zum Beispiel passionierter Kanada-Urlauber bist und es dich häufiger an die Westküste treibt, kannst du per RSS-Feed alle Fotos empfangen, die mit dem Tag *vancouver* versehen sind.

Dein Blog kann von Flickr profitieren, indem du Fotos, die du flickrst, auch direkt in deinem Blog veröffentlichst. Flickr bietet dazu den Button *Foto bloggen* über jedem Foto.

Ein Klick genügt, und schon landet jedes beliebige der mittlerweile Milliarden von Fotos in deinem Blog. Hier aber Vorsicht: Die meisten Fotos sind rechtlich geschützt und dürfen nicht weiter genutzt werden. Einige aber sind auch über eine Creative-Commons-Lizenz geschützt, und diese darfst du nutzen. Wie du genau vorgehen solltest, um am Ende nicht mit irgendwelchen Anwälten Probleme zu bekommen, wurde dir bereits ab Seite 24 erklärt.

Wie Twitter bietet auch Flickr eine sogenannte Badge an, die du in dein Blog einbauen kannst, also einen Container, der eine Reihe von Fotos anzeigt. Im Gegensatz zu Twitter kannst du bei Flickr aber fast komplett frei auswählen, wie diese Badge auszusehen hat. Du kannst außerdem festlegen, welche Fotos darin erscheinen: Nur deine? Nur deine öffentlichen? Nur deine mit bestimmten Tags? Alle öffentlichen? Alle öffentlichen mit bestimmten Tags? – Die Möglichkeiten sind zahlreich.

delicious

Was Twitter für kurze Nachrichten ist und Flickr für Fotos, das ist delicious für Lesezeichen, also Links zu bestimmten Websites. delicious (delicious.com) ist zunächst ein Dienst für nichts anderes als deine Favoriten, Lesezeichen, Bookmarks oder wie auch immer sie in deinem Browser genannt werden – und das als Online-Version. Du kannst also von jedem Gerät mit Internetzugang auf sie zugreifen.

Was delicious am Ende aber ausmacht, ist das sogenannte Social Bookmarking: Du kannst festlegen, ob die Links nur für dich da sind oder du sie auch den anderen Nutzern von delicious zur Verfügung stellen möchtest. So lassen sich Trends im Netz ausmachen. Zusätzlich lässt sich wie bei Flickr jedes Foto bei delicious jeder Link mit Tags versehen. Die Linksammlung für jedes einzelne Tag oder von jedem einzelnen Nutzer kannst du am Ende auch wieder per RSS-Feed abonnieren.

Links posten kannst du direkt, nachdem du dich für delicious registriert hast. Für viele Browser gibt es mittlerweile Plug-ins. delicious bietet dir bei der Registrierung außerdem einen Link an, mit dem du direkt über die Lesezeichenleiste des Browsers den Link zur aktuell aufgerufenen Seite posten

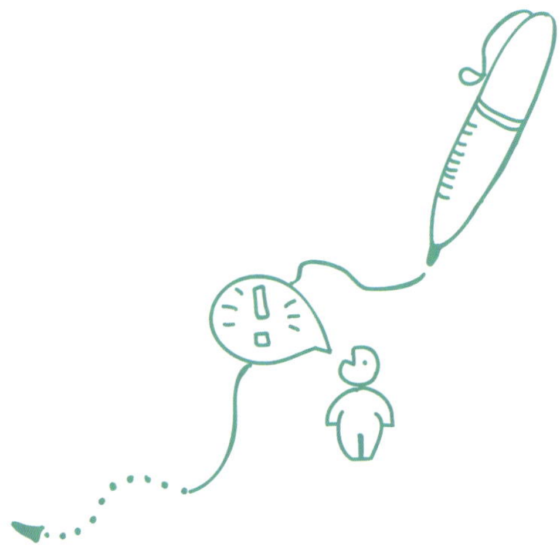

kannst. Klickst du darauf, hat delicious die wichtigsten Infos schon parat. Du musst nur noch deine Notizen sowie zusätzliche Tags hinzufügen und auf *Save* klicken, um den Link zu posten.

Links vergleichen kannst du, indem du in delicious auf *Your bookmarks* klickst. In unserem Beispiel haben wir den Link zur Website des Podcast-Buchs gepostet – wie zuvor schon ein paar andere Nutzer. Du kannst nun nachschauen, welche Nutzer sich die Seite auch gespeichert haben – und zum Teil auch, warum, nämlich dann, wenn sie Notizen zum Link hinzugefügt haben.

Links abonnieren kannst du auf drei verschiedenen Wegen. Du kannst zum einen alle Links eines bestimmten Nutzers nachverfolgen – zum Beispiel die eines guten Freundes, der ähnliche Interessen hat wie du. Du kannst auch alle Links abonnieren, die mit einem bestimmten Tag versehen sind, zum Beispiel dem Tag *podcast*. Oder du abonnierst nur einen einzelnen Link – und bekommst dann angezeigt, welche delicious-Nutzer diesen Link nach und nach auch posten. Dazu findest du immer unten auf der jeweiligen delicious-Seite den RSS-Feed.

Dein Blog kann von delicious profitieren, indem du deine Links dort auch verfügbar machst. Zum einen geht das über eine delicious-Badge, ähnlich wie auch die von Twitter oder Flickr, die die letzten geposteten Links in deinem Blog anzeigt.

Die zweite Möglichkeit ist, dass delicious täglich einmal automatisch alle neuen Links, die du gespeichert hast, als Eintrag in deinem Blog veröffentlicht.

YouTube

Was für Kurznachrichten, Fotos und Links gilt, gilt natürlich genauso für Videos, und falls du mit den Begriffen Twitter, Flickr und delicious noch nie in Berührung gekommen bist, bevor du dieses Buch gelesen hast – YouTube (youtube.com) wird dir dagegen mit Sicherheit schon einmal untergekommen sein. Spätestens beim Kauf durch Google wurde YouTube berühmt. Genau wie bei den anderen vorgestellten Diensten kannst du hier Inhalte hochladen und die anderer Nutzer abonnieren.

Registrieren kannst du dich bei YouTube mit deinem Google-Konto, solltest du bereits eins besitzen. Wenn nicht, kannst du dir einen eigenen neuen Account anlegen. Einmal registriert, kannst du dein eigenes Konto verwalten und dabei zum Beispiel Video-Playlists anlegen, Favoriten speichern, das Aussehen deines Videoplayers anlegen und vor allem deinen eigenen Kanal designen. Dein Kanal ist deine eigene Seite bei YouTube, auf der Infos über dich und deine Videos zu sehen sind.

Videos hochladen kannst du natürlich über den Button *Video hochladen*. YouTube erlaubt dir Videos von bis zu zehn Minuten Länge und 100 MB Größe. Du gibst jedem Video einen Titel, eine Beschreibung, ordnest es einer Kategorie zu, versiehst es mit Tags und legst fest, wie öffentlich es sein soll. Entweder jeder kann das Video sehen oder du legst fest, wer es sehen darf, wer Kommentare abgeben darf, ob Blogger es auf ihren Seiten einbinden dürfen und ob Fernsehsender es nutzen dürfen.

Hast du alles festgelegt und dein Video ausgewählt, kann es losgehen. Danach ist es in deinem Kanal verfügbar. Videos ansehen kannst du nun über die Kanäle der einzelnen Nutzer, die du natürlich auch per RSS-Feed abonnieren kannst.

Der Unterschied zum Beispiel zu Flickr, mit dessen Feeds du ganze Fotos überspielt bekommst, besteht aber darin, dass du bei YouTube mit deinem Feedreader nicht das komplette Video empfängst, sondern immer nur einen Link dorthin. Du musst also stets auf die Website von YouTube wechseln, um dir ein Video dort komplett ansehen zu können.

Dein Blog kann von YouTube profitieren, indem du dort einzelne Videos einbindest. Den HTML-Code, den du dafür benötigst, kannst du dir aus dem Eingabefeld *Einbetten* kopieren, das du auf jeder YouTube-Seite direkt neben dem Video findest. Über den Link *Einbettung anpassen* kannst du außerdem das Aussehen des Videoplayers leicht verändern.

Den fertigen HTML-Code fügst du danach einfach ins Eingabefeld für den Artikel in deiner Blog-Software ein – und fertig.

Für die großen Blog-Systeme gibt es auch Plug-ins, mit denen du Videos noch schneller in dein Blog einbinden kannst. WordPress führt auf seiner Seite eine ganze Reihe von möglichen Plug-ins auf (codex.wordpress.org/Plugins/Video). Sie bieten dir die Möglichkeit, entweder einzelne Videos anhand ihrer YouTube-ID im Blog einzubinden oder automatisch alle Videos zu veröffentlichen, die du selbst neu hochlädst. Für Movable Type gibt es ein ähnliches Plug-in von Brandon Fuller (brandon.fuller.name/archives/hacks/mtyoutube).

FeedBurner

Du bist als Blogger nun voll ausgerüstet. Im besten Fall twitterst du kurze Updates um die Welt, flickrst immer wieder die neuesten Fotos, postest deine Links bei delicious und lädst deine Videos bei YouTube hoch. Die Menschen, die gern dein Werk verfolgen würden, stoßen an dieser Stelle aber auf ein Problem: Sie müssten sich im schlimmsten Falle zusammen mit deinem Blog insgesamt fünf RSS-Feeds abonnieren. Die Lösung, die hier ins Spiel kommt, nennt sich FeedBurner (feedburner.com).

Deinen RSS-Feed meldest du an, indem du einfach seine Adresse eingibst. Im Beispiel versuchen wir es mit dem Feed zur Podcast-Buch-Website.

Danach kannst du dir den Titel des neuen Feeds aussuchen, den FeedBurner dir erzeugt, und ihm auch eine genaue Adresse verpassen. Im zweiten Schritt kannst du auswählen, welche Daten FeedBurner in seine Statistik aufnehmen soll, die du später über deinen RSS-Feed aufrufen kannst – mit Daten, die du mit deiner normalen Blog-Software üblicherweise nicht in Erfahrung bringen kannst. Auch die, wie viele Nutzer über den Feed zurück auf deine Seite kommen. Und wie oft zum Beispiel der Podcast, den du über dein Blog vertreibst, heruntergeladen wird.

Deinen RSS-Feed überprüfst du, indem du in FeedBurner auf *Analyze* klickst. An dieser Stelle bekommst du alle Infos über Abonnenten, Klicks und Downloads angezeigt. Die Zugriffsstatistiken kannst du dir auch als Excel- oder CSV-Dateien exportieren, um sie auf deinem Computer weiterverarbeiten zu können.

Deinen RSS-Feed optimierst du, indem du auf *Optimize* klickst. FeedBurner bietet dir an, den Feed so zu optimieren, dass er sich auf jedem Gerät gut darstellen lässt, dass iTunes optimal mit ihm umgehen kann, falls du Podcaster bist, oder dass in deinen Blog-Artikeln automatisch Optionen für Nutzer von Diensten wie delicious oder Facebook erscheinen – oder einfach nur Links, über die die Leser dir eine E-Mail schicken oder den RSS-Feed abonnieren können, den FeedBurner dir erzeugt.

Deine anderen RSS-Feeds fügst du hinzu, indem du die sogenannten Splicer nutzt. Diese kannst du auch in der Kategorie *Optimize* aktivieren. FeedBurner bietet Splicer zum einen für deine Links, die du bei Diensten wie delicious hinterlegst.

Deinem RSS-Feed verpasst du den letzten Schliff, indem du weitere Optionen von FeedBurner nutzt. Es ist zum Beispiel nötig, ihn mit Benutzernamen und Passwort zu versehen, um ihn nur einer eingeschränkten Gruppe von Nutzern zugänglich zu machen. Du kannst deine Leser auch per E-Mail informieren lassen, wenn dein Feed aktualisiert wurde. Und du kannst deinen Feed per Klick unter eine Creative-Commons-Lizenz stellen, die du ab Seite 26 kennengelernt hast.

Notizen

Notizen

Notizen/Skizzen

Notizen/Skizzen

Notizen/Skizzen

Links ins Internet und Literaturangaben

Internet

Rechtliches
lawblog.de
blogprofis.de
e-recht24.de

Designs
fuzzimo.com
twistandsnag.com
blog.puglypixel.com

Hintergründe
dafont.com
1001fonts.com
design-seeds.com
thedesigninspiration.com

Bildbearbeitungsprogramme
pixlr.com
brusheezy.com (für Photoshop)
123freebrushes.com (für Photoshop)

Icons
iconarchive.com
freeiconsweb.com

Literatur

Blogger-Buch
Cawley, Julia; Dittloff, Ulrike; Hesseler, Jessica; Klein, Daniela; Nieschlag, Nina; Schanz Susanne: DAYlicious: 1 Tag, 5 Blogs, 50 Rezepte, 1000 Ideen. Neustadt an der Weinstraße 2014.

Blog-System
Cremer, Gino: WordPress Praxishandbuch – Profiwissen für die Praxis: Installieren, absichern, erweitern und erfolgreich einsetzen. Haar b. München 2013.

Sauer, Moritz "mo.": Das WordPress-Buch. Köln 2013.

Design
Donnelly, Daniel; Meinel, Maria: 999 Logodesign-Elemente: 999 Designkomponenten für Ihr perfektes Logo. München 2011.

Firnkes, Michael: Blog Boosting: Marketing/Content /Design/ SEO. Bonn 2012.

Rechtliches
Schwartmann, Rolf; Keber, Tobias: Internetauftritt – So machen Sie Ihr soziales Netzwerk und Ihre Homepage rechtssicher. München 2012.

Fotografie
Adnum, Heidi: The Crafter's Guide to Taking Great Photos: The Best Techniques for Showcasing Your Handmade Creations. Loveland 2012.

Larson, Elsie; Chapman, Emma: A Beautiful Mess Photo Idea Book: 95 Inspiring Ideas for Photographing Your Friends, Your World, and Yourself. New York 2013.

Sonheim, Carla; Sonheim, Steve: Creative Photography Lab. Minneapolis 2013.

Young, Nicole S.: Food-Fotografie. München 2012.

Glossar

Advertorial

Ein Advertorial – gebildet aus engl. advertisement („Anzeige“) und editorial („Leitartikel“) – oder auch Adverticle (zu advertisment und article) ist die redaktionelle Aufmachung einer Werbeanzeige, die den Anschein eines redaktionellen Beitrages erwecken soll. Das Advertorial zählt zu den Kommunikationsinstrumenten oder Werbeformen, die nicht eindeutig der Werbung oder Öffentlichkeitsarbeit zugeordnet werden können. Laut deutschem Presserecht muss aber eine klare Trennung von redaktionellem Inhalt und Werbung vorgenommen werden, d. h. das Advertorial muss als Anzeige gekennzeichnet sein.

Affiliate-Partnerschaften

Affiliate-Systeme (engl. affiliate „angliedern“) sind internetbasierte Vertriebslösungen, bei denen meistens ein kommerzieller Anbieter (z. B. ein Internet-Shop) seine Vertriebspartner (Blogger) erfolgsorientiert durch eine Provision vergütet. Der Produktanbieter (Merchant) stellt hierbei seine Werbemittel (Werbetext oder Werbebanner) zur Verfügung, die der Affiliate (an unserem Beispiel der Blogger) auf seinen Seiten zur Bewerbung der Angebote des Kooperationspartners verwenden kann.

Blogosphäre

Der Begriff Blogosphäre beschreibt die Gesamtheit der Weblogs (kurz: Blogs) und ihrer Verbindungen. Er entspringt der Wahrnehmung, dass Blogs durch ihre Vernetzungen gemeinsam eine oder eine Vielzahl von Communitys bilden beziehungsweise ein soziales Netzwerk darstellen.

Blogroll

Eine Blogroll ist im Prinzip eine Liste, in der andere Blogs verlinkt sind. Sie erscheint meist in der Sidebar rechts oder links der Blogeinträge. Blogger listen hier in der Regel Blogs auf, die sie selbst gerne lesen und die thematisch zu ihrem Blog passen. Sie stellen somit einen Mehrwert für Blogleser dar, da sie auf diese Weise zu anderen lesenswerten Blogs weiterleiten.

Feedreader
Mit diesem Programm können alle abonnierten Blogs gelesen werden – die neuen Einträge lädt sich der Feedreader regelmäßig automatisch neu aus dem Netz.

Flattr
Flattr ist ein Social-Payment-Service, bei dem der Benutzer sich ein Guthabenkonto einrichtet, von dem er monatlich einen frei wählbaren Abonnementsbetrag als Spende an Medienanbieter, z. B. Blogger, abgibt. Die Blogger platzieren auf ihrer Website einen Flattr-Button, den der Nutzer anklicken kann, wenn ihm der Blog-Inhalt gefällt. Am Monatsende wird der Abonnementsbetrag des Nutzers gemäß seiner Klicks an die verschiedenen Medienanbieter verteilt.

Microblogging
Microblogging ist eine Form des Bloggens, bei der die Benutzer kurze, SMS-ähnliche Textnachrichten veröffentlichen können. Die Länge dieser Nachrichten beträgt meist weniger als 200 Zeichen. Die einzelnen Postings sind entweder privat oder öffentlich zugänglich und werden wie in einem Blog chronologisch dargestellt. Die Nachrichten können meist über verschiedene Kanäle wie SMS, E-Mail, Instant Messaging oder das Web erstellt und abonniert werden.

RSS-Feeds
Wer regelmäßig mehrere Blogs liest, kann es sich einfach machen, indem er die Blogs mittels RSS-Feed abonniert. Dazu die Adresse zum RSS-Feed einfach in einen sogenannten Newsreader oder auch Feedreader (siehe weiter oben) eingeben und die Inhalte werden direkt angezeigt bzw. kann die Site über einen Link angeschaut werden.

Sidebar
Der Begriff Sidebar bzw. Randfenster bezeichnet einen schmalen Bereich an einer Seite der Benutzeroberfläche von Anwendungsprogrammen oder Webseiten, der funktionsspezifische Informationen oder Applikationen anzeigt bzw. diese zur Verfügung stellt. Blogs weisen in der Regel ein oder zwei Sidebars auf – jeweils rechts oder links entlang der Blogeinträge.

Widget (Miniprogramm)
Widgets sind kleine Anwendungen/Programme, die du direkt auf deinem Blog oder deinem Startbildschirm benutzen kannst. Typische Widgets können folgende Komponenten enthalten: Aktionsmenü, Dialogfenster, Bildlaufleiste, Icons usw. Über ein Musikplayer-Widget kannst du zum Beispiel Musik abspielen oder über ein Wetter-Widget die aktuelle Wettervorhersage anschauen.

Buchtipps für dich

Du bist zwar schon kreativ, aber falls du noch mehr Bastelanregungen quer durch alle Kreativdisziplinen suchst, wirst du hier bestimmt fündig:

TOPP 5865
ISBN 978-3-7724-5865-1

TOPP 5940
ISBN 978-3-7724-5940-5

TOPP 5861
ISBN 978-3-7724-5861-3

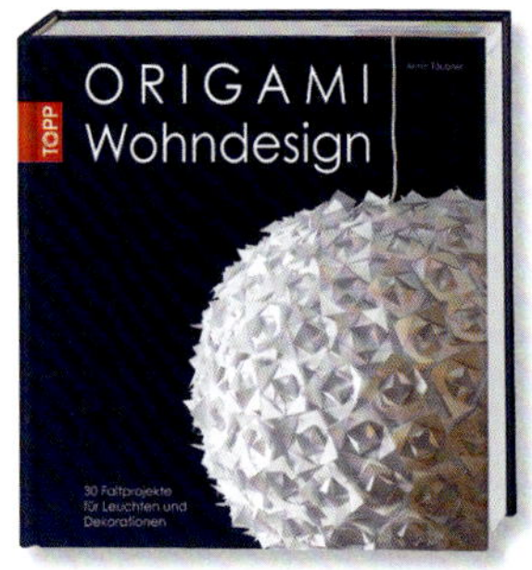

TOPP 5939
ISBN 978-3-7724-5939-9

TOPP 5945
ISBN 978-3-7724-5945-0

TOPP 5885
ISBN 978-3-7724-5885-9

TOPP 5561
ISBN 978-3-7724-5561-2

TOPP 6189
ISBN 978-3-7724-6189-7

TOPP 5595
ISBN 978-3-7724-5595-7

TOPP 5870
ISBN 978-3-7724-5870-5

TOPP 6338-9
ISBN 978-3-7724-6338-9

TOPP 6346
ISBN 978-3-7724-6346-4

TOPP 5932
ISBN 978-3-7724-5932-0

TOPP 6097
ISBN 978-3-7724-6097-5

TOPP 5899
ISBN 978-3-7724-5899-6

TOPP 5889
ISBN 978-3-7724-5889-7

TOPP LAB 7901
ISBN 978-3-7724-7901-4

TOPP LAB 7903
ISBN 978-3-7724-7903-8

TOPP LAB 7902
ISBN 978-3-7724-7902-1

TOPP LAB 7905
ISBN 978-3-7724-7905-2

Impressum

Blogger: Mira Ho (copypastelove.de, Seite 14–16), Sara Plavic (birdslikecake.blogspot.com, Seite 17–19), Sophie Mausolf und Juliane Mayer (vidanullvier.de, Seite 36–38), Carmen Siegrist (schweizergarten.blogspot.com, Seite 39–41), Sibylle Roessler (fun.kyti.me, Seite 50–52), Rebecca Wallenta (sinnenrausch.blogspot.com, Seite 53–55), Ina Fischer (pattydoo.de, Seite 64–66), Renate Bretzke (titatoni.blogspot.de, Seite 67–69)
Texte: Dennis Horn und Daniel Fiene: Mitmachen im Web 2.0. Das Blogger-Buch, Franzis Verlag, Poeing 2008. (Seite 9–13, 20–31, 56–63, 70–85)
Redaktionelle Überarbeitung: Mira Ho (copypastelove.de)
Fotos: frechverlag GmbH, 70499 Stuttgart; fotolia.com (cienpiesnf Seite 33 und 81, mipan Seite 34 links, petarpaunchev Seite 34 rechts, SSilver Seite 35 links und rechts oben, Trueffelpix Seite 35 rechts unten, Knut Wiarda Seite 44, aleksandrsb Seite 46, ra2 studio Seite 47 oben, 8vfan Seite 48, designaart Seite 79, Ronda Bröc Seite 84, JiSIGN Seite 31); Renate Bretzke (Seite 3 Foto ganz links und Buchrückseite Foto oben); Rebecca Wallenta (Seite 3 Foto mit Tasse, Buchrückseite Foto unten, Buchvorderseite Foto ganz links); Sara Plavic (Seite 2 und 3 Foto mit Muffins sowie Buchvorderseite Foto mit Muffins); Carmen Siegrist (Seite 3 Foto ganz rechts und Buchvorderseite Foto ganz rechts); Ina Fischer (Seite 2 Foto ganz links und Foto ganz rechts sowie Buchvorderseite Foto mit Stiftemäppchen)
Illustrationen: fotolia.com (bloomua)
Produktmanagement und Lektorat: Tina Herud
Gestaltung Umschlag/Inhalt: Steffi Rieck
Gestaltung/Satz Inhalt: DOPPELPUNKT, Stuttgart
Druck und Bindung: Neografia, Slowakei

2. Auflage 2014

ISBN 978-3-7724-5891-0 • Best.-Nr. 5891